Marie Cardinal est née le 9 mars 1929 à Alger. Mariée, trois enfants. A fait des études universitaires et a été professeur de philosophie à l'étranger pendant sept ans. A écrit plusieurs romans.

MARIE CARDINAL

Autrement dit

POSTFACE D'ANNIE LECLERC

GRASSET

PRÉFACE

IL se trouve que je rencontre beaucoup de personnes (vingt-six réunions, débats, conférences, etc. au cours des cinq derniers mois) et que je reçois des lettres par milliers. Dans mes réponses, qu'elles soient verbales ou écrites, j'ai un comportement laconique qui ne m'engage pas profondément, qui n'est, en quelque sorte, qu'un accusé de réception. Je ne peux pas lier de véritables liens avec ceux qui viennent vers moi, je n'en ai ni le temps, ni les moyens, ni le droit. Je suis une femme en train de vivre, je ne suis déjà plus celle qui a écrit les livres qui ont suscité cette assistance et ce courrier. Je ne peux pas répondre aux questions qu'on me pose et je ne peux pas donner les conseils qu'on me demande, parce que ces questions je me les pose moi-même et ces conseils je les demande aussi.

A vrai dire il subsiste un manque, un égarement, un regret dans mon esprit : ces gens m'ont dit leur nom, leur anxiété ou leur joie, ils m'ont dit leur âge, leur travail, ils ont souvent fait un effort énorme pour s'exprimer et moi, en échange, je leur envoie un « Merci, merci, je suis très touchée... Veuillez croire à ma pensée chaleureuse, cordiale, la meilleure, etc. », par peur de leur donner tout mon temps, par peur de révéler mon ignorance, par peur aussi de prendre pour chacun une importance que je n'ai pas et que je ne veux pas avoir. Cependant, c'est vrai que je suis touchée, que j'ai envie de parler avec eux, envie d'échanger des paroles, envie de dire, pas tellement envie d'écrire.

Les pages qui suivent sont donc souvent des pages parlées. Je tiens beaucoup à souligner ce fait ne serait-ce que parce que, de nos jours, on livre de plus en plus au public, sans le prévenir, des discours imprimés (discours de personnalités, de champions, de vedettes) et qu'on fait croire aux lecteurs que c'est de la littérature. En échange de quelques millions on fait parler X, Y ou Z devant un magnétophone, puis on demande à un «nègre», en échange de quelques sous, de mettre tout cela «au propre»: noir sur blanc... et on apporte sur un plateau d'argent un livre de X, de Y ou de Z dans les librairies. C'est une supercherie qui porte un tort énorme à ceux qui écrivent, un procédé commercial qui fait qu'il y a de moins en moins d'écrivains, de chercheurs, de poètes publiés. Car écrire, c'est autre chose !

Toutefois la parole a des qualités que l'écriture n'a pas. La parole est une fluidité, un passage, un courant. Les mots de la parole n'ont pas l'épaisseur des mots de l'écrit. Et c'est comme cela qu'il faudra prendre ceux qui suivent. Ils n'ont aucune valeur exemplaire, aucune stabilité. C'est ainsi qu'ils sont en accord avec mon désir de communiquer, avec ma réflexion qui n'est qu'un temps d'arrêt, une halte provisoire sur le chemin de la compréhension, interminable, puisque constamment en train de se prolonger.

Mais je ne suis pas dupe du fait que ces paroles sont imprimées et donc qu'elles singent l'écriture. Parler, puis transcrire cette parole sur du papier avec des caractères d'imprimerie, et finalement publier cette transcription, tout cela constitue une série d'actions qui, à cause de sa conclusion (la publication), est douteuse. J'en suis consciente. Honnêtement je dois de nouveau prévenir le lecteur que ce livre n'en est pas un, il est une réflexion à voix haute, une conversation avec les autres.

Là non plus je ne suis pas dupe car les autres, en l'occurrence, c'est Annie Leclerc, puisque c'est avec elle que j'ai parlé. Or il est difficile de confondre Annie Leclerc dans l'anonymat des « Autres ». Annie est une femme qui a écrit de beaux livres, qui est instruite, qui est intelligente, qui est jeune, qui est jolie. Je respecte Annie, beaucoup. J'aime son intransigeance, sa rigueur, son désir de vérité, son incandescence, sa fragilité physique. Mais j'aime aussi le fait qu'elle erre, qu'elle cherche, comme moi, comme tous ceux que j'ai rencontrés ou qui m'ont écrit. Comme eux aussi elle se fait une idée de moi à travers mes livres et elle me pose des questions d'une part pour me forcer à me dire moi-même plus clairement, à montrer la femme que je suis plutôt que l'écrivain, d'autre part, parce qu'elle croit que mes réponses pourront peut-être l'aider, elle, à progresser. Elle révèle ainsi sa propre personne, la direction de sa curiosité et de son intérêt.

Voici donc ce que sont ces pages : un cheminement dans la connaissance de deux personnes, un désir de se rencontrer, une volonté commune d'être intègres, que ce soit dans le rire, l'indécence, ou la gravité de mots que nous mettons en avant sans savoir exactement ce qu'ils contiennent.

ANNIE LECLERC habite un passage du XIII° arrondisse-
ment de Paris. Un passage pavé à la diable, avec d'un
côté des maisons intimement serrées les unes contre les
autres et de l'autre des murs nus, et hauts par endroits,
qui laissent la place, dans un renfoncement, à une
entreprise de je ne sais pas quoi, un bâtiment moderne,
bas, dont on se demande ce qu'il vient faire là. Dans
cette ruelle qui grimpe légèrement il y a quelques arbres
qui agitent leurs branches par-dessus les murs, quelques
herbes, et une grande variété de crottes de chiens. La
maison d'Annie est à un étage, étroite, la fenêtre du
rez-de-chaussée donne sur la rue et comme je venais le
matin de bonne heure, je l'ai souvent vue ouverte sur
une pièce en plein ménage dont je n'ai jamais su si
c'était une chambre à coucher ou un salon. En fait, la
maison d'Annie est double, le bâtiment de façade en
cache un autre, semblable. Entre les deux il y a une cour
au rez-de-chaussée et une passerelle à l'étage.

Si je raconte cela ce n'est pas pour dévoiler l'intimité
d'Annie mais pour dire que cet ensemble est extrêmement méditerranéen. On se croirait dans une maison de
la casbah d'Alger. Un figuier pourrait pousser dans la

cour, il pourrait y avoir des pots de citronnelle aux fenêtres, du linge pourrait sécher sur les terrasses. Et peut-être qu'en réalité il y a un figuier, de la citronnelle et des terrasses... Le mari d'Annie est Grec.

La pièce où nous parlions est à l'étage, elle est petite, c'est le bureau d'Annie. Une table, une chaise, des livres, une machine à écrire, des papiers, un vieux sofa que je me suis octroyé le premier jour et que je n'ai plus quitté, une porte-fenêtre ouvrant sur la passerelle qui enjambe la cour, où pousse du lierre et de la menthe. Et un téléphone rouge, insolite parisien, *design*, le plus joli téléphone que j'aie jamais vu.

Le téléphone mis à part, ce décor aurait pu être un décor de mon enfance.

Mais aussi, à cause de la ruelle, du sofa, et de la parole — de la parole surtout — ces moments auraient pu être des séances de psychanalyse.

Ainsi les deux éléments les plus importants de ma vie, la Méditerranée et la psychanalyse, se trouvaient réunis là, dans ce lieu qui m'était par ailleurs totalement étranger.

De la psychanalyse il sera souvent question au cours de ces pages. C'est normal, une psychanalyse ne se termine jamais, c'est une façon de penser, de prendre la vie. Une fois la période proprement médicale terminée, quand le malade n'en est plus un, qu'il se sent responsable et capable d'exister sans la présence de son docteur, l'analyse continue. J'en parlerai donc, je ne peux pas faire autrement. Toutefois je ne parlerai pas comme les « spécialistes ». Je n'aime pas la façon dont ils manipulent la psychanalyse, la mettant à toutes les sauces, employant son vocabulaire à propos de tout et de rien. Moi qui suis une analysée, qui ai été sauvée par la psychanalyse, qui ai suivi son chemin avec un médecin pendant sept années avant de pouvoir marcher toute seule, je ne comprends rien à ce que les spécialistes de la psychanalyse disent.

Il m'est plusieurs fois arrivé d'entendre des « analystes féministes » attaquer Freud et me bombarder d'extraits de l'œuvre de ce « grand misogyne », tous plus difficiles les uns que les autres à encaisser pour les femmes. De là à en déduire que la psychanalyse n'est pas faite pour les femmes, il n'y a qu'un pas. Or j'ai découvert que j'étais une femme, ce que cela veut dire « être une femme », grâce à la psychanalyse la plus freudienne qui soit...

Je crois qu'il y a une grande différence entre ceux que la psychanalyse a guéris d'une névrose qui les empêchait de vivre et ceux qui savent tout de la théorie psychanalytique, y compris l'analyse didactique. Curieusement, la vie et les propos des uns deviennent de plus en plus clairs, alors que la vie et les propos des autres deviennent de plus en plus obscurs. Et c'est pourtant à l'aide des seconds que les premiers ont guéri... Il me semble que la théorie analytique est impossible à vulgariser, tout au moins en ce qui concerne la maladie mentale. Quant à ses applications pédagogiques, sociologiques, etc., peut-être faudrait-il créer un vocabulaire différent de celui de la thérapeutique. J'ai entendu souvent des névrosés extrêmement malades, dont le suicide était le seul compagnon de leur aliénation, et qui, étant en analyse, s'affolaient de ce que « leur transfert ne s'opérait pas dans la phase adéquate de la cure », ou que leur « régression n'était pas en accord avec leur Œdipe à cause d'une frustration sadique-anale causée par leur analyste... »

Comment allaient-ils s'en sortir! J'étais épouvantée. En les écoutant je ne cessais de penser à ce que mon analyste m'avait dit le premier jour : « Ne vous servez pas des connaissances que vous avez, trouvez un vocabulaire qui vous soit propre. »

Chez Annie, à cause de sa maison qui m'a été d'emblée familière — plus qu'à cause d'elle-même que je craignais un peu — il m'a été facile d'employer un vocabulaire qui m'était propre, mes mots de tous les jours.

Au début Annie voulait que je parle de ma famille, de l'Algérie. Ça ne me disait pas grand-chose : ces sujets appartiennent au monde que j'ai envie d'écrire et que, d'ailleurs, je ne cesse d'écrire. Mais j'ai pensé qu'il ne fallait pas commencer avec des réticences, qu'il fallait établir un pont entre elle et moi. Puisque c'était celui-là qu'elle me proposait, et que je n'en avais pas d'autre à lui offrir, je devais l'emprunter. Alors je me suis mise à parler de l'Algérie et de ma famille.

C'était compter sans l'inconscient qui est le meilleur gardien de mes fragilités. Mais un gardien aveugle, absolu, qui fait du zèle jusqu'à garder bien serrées dans l'oubli des clefs dont ma conscience a besoin pour progresser. Pour l'amadouer il faut que je m'arrête, que je m'isole avec lui, que je parlemente, que je remonte tous les chemins bien jalonnés qui mènent vers lui, que je démontre que je suis en sécurité. Alors, s'il en est convaincu, il entrouvre une porte et laisse passer la mémoire vivante, palpitante.

Chez Annie, parce que j'étais intimidée le premier jour, peut-être aussi parce que je n'avais pas envie de parler de ça, l'inconscient a fermé les portes à double tour. Je parlais pourtant, je parlais sans arrêt. Mais qu'ai-je dit ? Je ne le saurai jamais car je ne me suis rendu compte qu'à la fin que j'avais appuyé sur le mauvais bouton du magnétophone.

Annie a dit :

« C'est pas vrai, c'est pas vrai ! Alors on a tout perdu ?

— Oui.

— Mais il faut que tu racontes tout ça.

— Eh bien, je l'écrirai après, quand je ferai le livre. »

Nous y voilà :

L'Algérie je l'ai quittée il y a exactement vingt ans, juste après la naissance de mon deuxième enfant, ma fille Alice. Elle avait un mois et mon fils deux ans quand je suis partie. Je ne savais pas, ce jour-là, que je ne reviendrais plus. Si je l'avais su j'aurais scruté les détails des détails, j'aurais imprimé en moi l'heure, la chaleur, la lumière, les visages. Alors que je ne sais même plus si j'ai pris l'avion ou le bateau. Je n'ai que les souvenirs d'une jeune femme qui voyage avec des bébés, l'un au bras et l'autre agrippé à sa jupe. Problèmes de valises, de biberons, de couches... C'était l'été, il devait faire très chaud, ça devait sentir la pisse, la poussière et la transpiration, le ciel devait être blanc. Je n'ai même pas regardé ma terre s'éloigner pour la dernière fois. La fin de l'Algérie des Français était proche mais je n'ai pas voulu la voir ; il y avait pourtant des soldats partout, des armes, des contrôles de papiers. J'étais contente de sortir mes enfants de là, d'aller en France, rejoindre mon mari qui venait d'être reçu à l'agrégation. Je ne pensais qu'à ça : à notre petite fille nouvelle née, qu'il ne connaissait pas, et à son diplôme tout neuf.

Nous avions passé un hiver studieux, en Grèce, à Salonique, où nous étions tous les deux professeurs (j'avais pris au lycée français le poste laissé vacant par Michel Butor, et Jean-Pierre était lecteur à l'université).

Il fait froid à Salonique l'hiver, à cause du Vardar ; à chaque fois qu'il souffle on dirait qu'il pousse les Balkans devant lui. Nous habitions le quartier de Kalamari, l'antique quartier juif, dont les Allemands, pendant la guerre, avaient exterminé la quasi-totalité des habitants. La tuerie des vieilles familles israélites réfugiées là depuis les pogroms d'Isabelle la Catholique avait été planifiée. De ce passé-présent il restait de grandes maisons, des villas, entourées de terrains vagues et de broussailles qui avaient été des parcs. Les rosiers étaient retournés à la sauvagerie, les roseaux se mêlaient aux hibiscus, d'anciennes allées sablées se diluaient dans les mauvaises herbes. Abandon. Des familles nombreuses et pauvres avaient envahi ces demeures dévastées et le quartier était devenu populaire, bavard, cordial. Un couvent de bonnes sœurs sonnait les heures.

Comme j'assurais les cours du soir pour adultes, il m'arrivait souvent de rentrer tard. Dans notre maison le rez-de-chaussée était occupé par une vieille dame cardiaque. Elle m'entendait ouvrir la porte d'entrée et elle m'appelait. Elle vivait dans une tiède obscurité où tremblotaient les veilleuses allumées devant ses icônes. Elle était enfoncée dans un lit qui ressemblait plutôt à une caisse, elle était blanche, douce et maternelle. Elle voulait voir mon ventre, elle le tâtait avec satisfaction ; ça lui faisait plaisir ce bébé qui allait naître. Quelquefois je restais assise auprès d'elle un instant. Nous parlions du temps, des rues verglacées, des potins du quartier qu'elle avait recueillis chez le boulanger à l'heure où toutes les femmes venaient chercher les plats qu'elles avaient mis à mijoter dans le four du bonhomme. Il ouvrait une petite porte infernale et avec une longue pelle, adroitement, il allait chercher les gratins d'aubergines, les cabris rôtis, les tomates farcies. La pièce où les femmes étaient assises, côte à côte, sur deux bancs, embaumaient les herbes et les épices, bruissait de voix grecques racontant la quotidienneté. Ainsi j'étais tenue au courant par ma voisine de tout ce qui se passait à Kalamari. Elle me donnait des conseils et me faisait des recommandations pour le bébé et puis je montais chez moi.

Jean-Pierre avait préparé le dîner, il avait allumé le poêle de notre chambre et s'était déjà mis au travail. Moi, je m'allongeais sur le lit et je m'endormais. J'aimais bien le bruit mou et discret que faisaient les pages de ses gros dictionnaires de grec et de latin qu'il compulsait souvent.

Je pensais à ça en quittant mon pays, et à sortir de la cohue, à rien d'autre qu'à ça.

Aujourd'hui je rêve souvent de retourner à Alger et j'imagine que ça se passera comme ça se passait quand j'étais petite. J'ai beau me dire que plus rien n'est pareil, qu'il n'y a plus ma maison dans la ville, cela ne fait pas changer le défilé des images que projette mon esprit.

C'est la fin de la nuit, pas tout à fait l'aube. Je n'ai pas dormi tant je suis excitée à l'idée de rentrer chez moi. J'ai vu l'obscurité s'éclaircir un peu dans le rond du

14

hublot. Je n'y tiens plus. Je me lève, je m'habille dans le noir et je grimpe sur le pont. Ça sent bon la mer, le bateau et le bois calfaté. Il y a les lumières clinquantes des coursives et la noirceur de la plage avant. A force de regarder, et peut-être aussi parce que je m'assoupis par instants, le temps passe vite. Je vois l'horizon plus épais à un endroit, c'est la terre, c'est ma terre. Quand j'étais petite, à chaque fois que je rentrais à Alger je pleurais de joie. (Peut-être que je pleurerais aujourd'hui aussi si j'y retournais.) Je détestais la France, ma famille bien élevée, les rois, les châteaux, les victoires, les gloires, les monuments, les grands magasins, les boulevards, le climat tempéré, la fine pluie distinguée d'été. Pour moi c'était l'enfer : toujours faire attention à se tenir correctement, à manger correctement, à être habillée correctement. Merde !

Le soleil jaillissait d'un coup, comme toujours là-bas, déjà éblouissant, déjà chaud. La côte se précisait. J'en connaissais chaque plage, chaque crique, chaque rocher.

Je pense souvent à cet abordage de ma terre. J'ai un désir profond d'y être de nouveau, de la sentir, de la humer, de la toucher. Mais j'ai peur en même temps, si j'y retournais, d'être assaillie et ligotée par la méduse gluante du sentiment, de l'attendrissement, des souvenirs de famille. Je pense déjà au cimetière de Saint-Eugène où sont enterrés mon père et ma sœur, je crains d'y aller, de me réfugier sur la dalle blanche où sont gravés leurs noms, semblables au mien, et de n'en plus bouger considérant que c'est là chez moi désormais. Alors que je connais peu — ou pas — ces deux morts qui restent là-bas comme les sentinelles dérisoires d'une Histoire passée, détestable. J'ai peur des fantômes affublés de casques coloniaux, d'ombrelles de dentelles. J'ai peur des maisons fraîches dont les portes me seront fermées. J'ai peur des ruines de la guerre. J'ai peur des voix qui m'appelleront de partout, des rues, des jardins, de mon école, des immeubles, du port, des collines, de la campagne. Je crois que je les entendrais, que je suscite-rais même leurs cris, leurs rires ou leurs gémissements, peut-être que je me laisserais prendre par elles, alors que je n'ai d'attirance que pour la terre elle-même, telle qu'elle est : dure à cultiver, rouge, sèche, propice au thym, au lentisque, au pin maritime, à la vigne, chaude. Trop chaude.

Finalement, ce que je crains c'est d'être confrontée à la vérité de mon amour pour cette terre que j'ai possédée. J'y suis née propriétaire, fille de propriétaire, petite-fille de propriétaire, arrière-petite-fille... etc. Est-ce que je saurais y passer seulement ? Est-ce que je pourrais la regarder comme je regarde le reste du monde ? Et si je n'étais pas capable d'éprouver pour elle l'amour pur, sans avidité, sans rancune que je crois lui porter ? Je suis tellement persuadée que le fait de posséder est un cancer que je me demande si je ne vais pas découvrir une blessure ignoble là où je crois qu'est le sol bien-aimé où s'enfoncent mes racines. Et cela même si je n'ai pas voulu la possession de cette terre, même si j'ai souhaité le contraire.

J'appartenais à une famille de colons fiers de leur colonisation, fiers du mal qu'ils s'étaient donné pour cultiver le sol. D'ailleurs il y avait de quoi être fiers quand on voyait les champs de vigne strier le paysage jusqu'à l'horizon, quand on se promenait dans les orangeraies, au parfum entêtant, dont les damiers de soleil et d'ombre tapissaient les plaines.

Cent ans, il leur avait fallu à peine cent ans pour voir

l'Algérie nue de la conquête couverte de vignes, de céréales et d'agrumes. Dans ma famille on parlait souvent de la terre salée qu'il avait fallu désaler, des marais infestés de moustiques à malaria qu'il avait fallu assécher, de ce pays conquis deux fois : par les soldats et par les laboureurs. Les colons avaient tant investi dans cette glèbe revêche, où étaient venus les premiers-nés et où étaient enterrés les premiers morts, ils avaient tant donné à ce terrain lointain et sauvage, qu'ils ne considéraient pas leurs fermes comme des conquêtes ou des appropriations mais comme des propriétés privées, fruits de leur sueur, de leur courage et de leur ténacité. D'autant plus qu'au commencement, l'Algérie, ils l'avaient faite seuls. Car, en 1830, dans ce pays qui était presque cinq fois plus grand que la France il n'y avait, en fait de main-d'œuvre, que quelques tribus nomades éparpillées sur tout le territoire, même pas un million d'habitants. C'est plus tard que les burnous se sont multipliés et qu'on les a fait suer, n'établissant pour ainsi dire pas de différence entre eux et les chèvres qu'ils gardaient.

J'appartenais à une de ces familles qui, de génération en génération, transmettait : « Tu vois la route bordée d'eucalyptus qui va d'Aboukir à Mostaganem — La grande route ? — Oui. — Eh bien c'est le père de ton arrière-grand-père qui l'a tracée et qui a planté les arbres, en 1847. » Je voyais les immenses eucalyptus aux minces feuillages bleus, aux troncs gris s'écaillant par longues plaques rousses. Pour moi, ces arbres magnifiques, c'était mon premier arrière-grand-père. Il surveillait mes allées et venues entre l'école et la ferme. Il veillait sur mes nuits pleines d'étoiles où aboyaient les chacals. « Tu connais la vallée qui va de là à là ? — Oui.

17

— Eh bien c'est ton arrière-grand-père qui y a installé les nouveaux venus chassés de France par la guerre de 70. C'est lui qui a baptisé les villages. Il n'y avait que des roseaux qui poussaient là avant. » Ces villages où fleurissaient les grenadiers et les roses s'appelaient « la vallée des jardins », « le hameau sous forêt »... C'était rafraîchissant en plein été mais ça ne rendait pas la terre meilleure. Il avait fallu la travailler encore et encore pour qu'elle verdoie comme elle le fait maintenant.

L'Histoire de France, l'Histoire de l'Algérie et l'Histoire de ma famille, cela ne faisait qu'un, pour moi c'était l'Histoire du monde. Elle commençait en 1837 par l'arrivée sur le sol oranais du premier ancêtre : un jeune aristocrate bordelais, un marquis (il paraît que ce titre est rarement bon...), qui possédait terres et châteaux. A son bras une jeune femme dont il semblait éperdument amoureux (selon l'expression consacrée). C'était l'épouse d'un notaire. L'amour qu'ils éprouvaient l'un pour l'autre était si fort qu'ils avaient décidé de s'enfuir (à l'époque le divorce était inconcevable) et d'aller cacher leur passion loin de tous. Justement c'était la conquête de l'Algérie.

L'ancêtre avait emporté des biens, des meubles, de l'argent. En plus, sitôt arrivé, on lui avait octroyé une concession de quelques milliers d'hectares à défricher. S'il en tirait quelque chose ils lui appartiendraient, dans vingt ans.

Le grand-père amoureux a commencé par recruter de la main-d'œuvre : Espagnols, Français, Italiens, aventuriers des ports méditerranéens ; puis il a fait construire une grosse ferme toute pareille à celles de son pays. Une ferme fortifiée cependant : les bâtiments et les jardins étaient gardés par de hauts murs dont il ne restait plus que quelques pans cent ans plus tard, ceux sur lesquels s'appuyait l'énorme portail d'entrée.

La vigne il connaissait ça le grand-père, elle avait déjà fait sa fortune en France. Il ne lui a pas fallu longtemps pour en couvrir le pays, malgré le sable et la chaleur. De la vigne qui donnait un vin fort en degrés, justement de ce vin dont on manquait à Bordeaux pour relever la piquette trop légère des années pluvieuses...

Quand il est mort, il y avait autour de « la » maison des vignobles et des oliviers partout, à perte de vue, de quelque côté qu'on se tourne. C'est cette terre qui a nourri ma famille jusqu'en 1962.

Cette terre, je la connais par cœur. Je sais tout d'elle. Je sais où son raisin est le meilleur, le plus sucré, je sais où ses olives sont les plus grosses. Je sais le moindre de ses vallonnements, je sais où l'érosion met ses cailloux à nu comme des os, je sais comment la pluie la fait rougir. Je sais où elle donne des tulipes sauvages, du genêt et des paquerettes. Je sais où sont les abris de ses hérissons, de ses caméléons et de ses tortues, les tannières de ses chacals. Je sais chacun de ses gourbis, de ses raïmas et de ses douars, je sais les chemins, et même les raccourcis, pour y aller, l'odeur de sarments brûlés qui les annonce. Je sais la mélodie de la flûte, au crépuscule, qui prélude à la douceur de ses nuits.

Je sais surtout ce qu'elle m'a appris : non seulement les cheminements de ses fourmis, la folie de son vent, mais aussi le mystère de ses gestations. Je sais la vélocité grouillante de la décomposition dans l'immuabilité pesante de la chaleur, le bonheur de boire quand on a soif, le malheur de ne pas boire quand on a soif. Mon corps a été façonné par elle. Pour toujours il ne saura aborder le monde que comme elle lui a appris à l'aborder, elle. La plante de mes pieds sait la suavité de sa boue et le coupant de ses roches. Ma gorge a été formée par sa musique et son langage. Je n'ai pas d'autres rythmes que les siens.

Ce qu'il y a de troublant c'est que ma mère la puritaine, ma grand-mère la mondaine, mon arrière-grand-mère la sainte... avaient pour cette terre le même amour que moi. Dans le jargon de notre famille nous l'appelions « le hameau », « la grande ferme », « la petite ferme », ou tout simplement « la ferme ». Ce qui nous liait au hameau, comme ce qui liait les Pieds-Noirs à l'Algérie, c'était un amour fou dans lequel l'intérêt matériel n'avait pas la plus grande place, loin de là. Il était fait d'un attachement viscéral, qui lie ceux qui se sont donné de la peine à la cause de cette peine, et d'une passion irraisonnée, d'un coup de foudre : nous étions amoureux de l'Algérie.

Le pays était grand, les fermes immenses. Chaque famille vivait sur ses terres comme sur un royaume. Le colon était à la fois un père, un seigneur et un patron, il exerçait ses droits et ses devoirs comme au Moyen Age et comme au XIXe siècle. Les gens vivaient sous un régime de féodalité bourgeoise qu'on appellera le paternalisme, ce cancer du ventre.

Jusqu'à ce qu'on y trouve du pétrole l'Algérie n'a eu aucun intérêt pour la France qui y puisait sa chair à canon, y expédiait ses aventuriers et ses légionnaires, y vendait ses produits manufacturés, y achetait du vin. Pour le reste, elle laissait faire ses enfants mal élevés et, grâce à Dieu, lointains ; je n'ai jamais entendu dire avant la guerre d'Algérie que la sueur des burnous incommodât l'odorat de notre mère Patrie, que cette odeur se répandît sur les vignobles ou sur les champs de bataille.

Celui que nous appelions le « francaoui », le Français de France, était un monsieur prétentieux, parlant pointu, colportant la culture et les traditions. Son physique était souvent chétif mais il avait des manières et comme il appréciait les belles femmes et l'argent, il n'était pas rare qu'il retourne dans la métropole avec les deux en poche, soit pour redorer son blason soit pour aviver son sang. Il nous faisait sentir que, dans la hiérarchie de la civilisation, nous étions nettement une marche en-dessous de lui et nous ne le contestions pas car tout ce qui venait de France était ce qu'il y avait de mieux. Epouser un francaoui était une promotion. La France avait, vis-à-vis de l'Algérie française, un comportement colonialiste qu'on appellera aussi le paternalisme, ce cancer du cerveau.

Cancer du ventre et du cerveau, cancer généralisé donc. Bêtise généralisée compliquée d'une absence totale de politisation ce qui, au dernier moment, donnera l'O.A.S. L'Algérie des Français ne pouvait que mourir. Elle est morte dans des douleurs atroces, inoubliables pour ceux qui les ont vécues. La France tout entière a été marquée par l'agonie de l'Algérie française. Car les « petits Français » du contingent ont vu là-bas des horreurs qu'ils n'auraient jamais dû voir et le million de rapatriés a gangrené le continent de ses blessures infectées. Les Français d'Algérie forment une peuplade bâtarde qui n'est ni française ni algérienne, dont l'histoire n'est pas assez longue pour en faire un peuple, mais suffisamment longue et intense toutefois pour faire de leur dernière génération des irrécupérables. Hors de chez eux ils sont comme des vers grouillant dans des fruits. Les Atrides ne s'importent pas.

Ainsi par ma mère, qui participe plus que toute autre personne à mon squelette — non seulement parce qu'elle est ma mère mais parce qu'elle était terrible, tour à tour Clytemnestre, Electre et Iphigénie — par elle, je n'ai pas de patrie (puisque je n'ai plus le droit d'appeler ainsi l'Algérie) et pas de nom puisque le fils du premier ancêtre romantique portait le nom de celle qui l'a mis au monde, c'est-à-dire le nom du notaire cocu de Bordeaux...

Par mon père j'ai un nom : Cardinal, et une nationalité : française. Mon père était ingénieur, gazé pendant la Grande Guerre, et envoyé par l'armée, en 1918, pour construire des hangars à dirigeables en Algérie, à Baraki. Il y est resté, a épousé ma mère qui était de beaucoup sa cadette et dont il a divorcé l'année même de ma naissance. Ma mère le détestait, même plus : elle l'exécrait. Il est mort en 1946, j'étais adolescente, presque une enfant. Je ne le connais pas, je ne sais rien de lui.

Au cours de nos conversations Annie me fera souvent remarquer comme tout en moi est mélange de vague et de règles. Je n'ai jamais su précisément si elle voulait que je me définisse ainsi, moi, personnellement, ou si elle voulait en venir à une conclusion générale : les femmes sont vagues et réglées. Je pense qu'elle tâtonne actuellement sur les terrains du vague et du réglé et que je suis un bon cobaye pour elle puisque c'est vrai que j'ai besoin de règles. Car c'est à partir des règles que je peux divaguer, et je ne sais pas vivre si je ne divague pas.

Dans *L'Amour de Perlimplin*, Federico Garcia Lorca

évoque un «jasmin flottant et sans racine». Je me suis toujours identifiée à ce jasmin. Ce qui est une prétention risible si l'on songe que le jasmin est une plante grimpante, légère, mince, discrète, au feuillage fuselé, aux fleurs étoilées, blanches ou nacrées, alors que je suis une cariatide, une haute femme athlétique, pesante, présente, maladroite.

C'est vrai que la règle du jasmin c'est d'être «un arbuste de la famille des oléacées» et que comme tel, il vit d'une manière spécifique, il lui faut une certaine terre, un certain climat, une certaine humidité pour pousser. Mais le jasmin c'est surtout un parfum lourd qui s'insinue partout, qui se bat avec les odeurs des hommes, les odeurs du travail. Quand il est en pleine floraison et que le vent souffle de l'Atlas, il n'est pas rare que le jasmin embaume les rues d'Alger. Il vient de la campagne, par bouffées, il dévale les ruelles en pente, il se mêle aux tramways et aux automobiles. On le sent, on se dit : «c'est la fin du printemps», «le vent vient des montagnes», «les pêcheurs auront du mal à rentrer au port», «bientôt il y aura du raisin», «bientôt il n'y aura plus d'eau». On ne le sent plus, il s'est perdu aux carrefours, c'est la vie sans saisons, sans raison, sinon les raisons modernes de vivre. On le sent de nouveau, il y a du désir dans sa fragrance, on se dit : «je ferai l'amour ce soir», «mon ventre a besoin d'être rempli», «ma fille va avoir vingt ans», «mon père est mort depuis combien de temps déjà»? Où est-il, ce jasmin? Dans quel jardin? Grimpe-t-il le long d'un palmier, sur les murs d'une mosquée, ou après les grilles désuètes d'une demeure coloniale?

Volets vert sombre, à jalousies. Maisons couleur de sable, d'un blanc jaunâtre, presque ocre, poussiéreuses.

Jardins de ma tête. Palmiers. Les arcs rigides des palmes s'emmêlent comme des tresses mal tressées. Le pigeon gris s'élève en claquant de son vol l'air déjà chaud du matin. Géraniums. Capucines. Roses jaunes. Terre battue. Les palmiers hiératiques à peau de pachiderme sont les fantômes des dames en longues robes de piqué blanc, des messieurs à panama, des petites filles à cerceaux et des petits garçons en costume marin.

Comme cela est loin et vague ! Comme cela est présent, renaît à chaque instant, s'efface, réapparaît. Combien de milliards de fibres composent le tissu de ma vie ? Combien de vies ai-je ? Je ne le saurai jamais, quel bonheur !

Annie Leclerc: Je voudrais savoir comment c'était avant et pourquoi ça a craqué puisqu'il a fallu l'analyse.

Marie Cardinal: Tu as de la curiosité pour ça, moi pas. Tu vois, j'ai trouvé les racines qui s'enfonçaient dans mon « avant », je les connais bien maintenant et je sais que la personne que j'étais est indicible. Pour la raconter il faudrait que je refasse toute l'histoire du christianisme, du matriarcat, de la colonisation, de l'argent, etc. Sinon je vais te raconter des anecdotes tout à fait personnelles et on va arriver à la conclusion : c'est parce que mon père était comme ci et ma mère comme ça que j'étais autre chose. Ce qui n'est pas satisfaisant. C'est vrai que c'est parce qu'ils étaient ce qu'ils étaient que je suis ce que je suis. Mais ils étaient porteurs de quoi ? C'est ce qu'ils transmettaient qui est intéressant. Si je veux parler de mon « avant », je suis obligée de m'enfoncer dans tout ça, tu comprends ?

Annie: Bien sûr, chaque vie rejoint la totalité et on ne sait plus par quel bout la prendre.

Mais revenons-en quand même à toi, il y a trois séquences dans ta vie qui me paraissent très fortes : d'abord le temps de la réponse à la demande sociale, familiale. Ensuite le temps de l'effondrement qui, en même temps, est celui de la naissance qui se prépare. Et enfin le temps de l'écriture vraie, de ce qui t'occupe fondamentalement.

Ces trois temps sont marqués par des symptômes d'une netteté extraordinaire. Là, je te brutalise un peu, j'interviens dans ta vie, je te braque.

Marie : Tu sais, on ne peut pas brutaliser quelqu'un qui a suivi une analyse. Ou alors c'est que ça lui plaît d'être brutalisé.

Annie : Parce qu'il en sait beaucoup plus ?

Marie : Il n'en sait pas plus mais il a le goût de la recherche, de la quête, de l'enrichissement et il ne refuse jamais quoi que ce soit qui vient vers lui, parce que c'est toujours à analyser par conséquent c'est toujours intéressant.

Annie : Ce qui m'a saisie d'abord dans *Les Mots pour le dire* c'est le sang. Du sang, du sang, du sang... J'avais raison d'être saisie par ça puisque c'était ça qui te saisissait toi-même. Tu évoques ton enfance, ta vie de femme, ta vie après l'analyse et j'apprends beaucoup de choses à propos du sang, d'un sang qui est un sang de femme.

J'apprends que tu as été réglée très tard, à vingt ans, puis que tu es devenue — comme tu le dis toi-même — une femme réglée, avec un mari, des enfants. Voilà pour le temps d'avant. Tu me précises d'ailleurs que tu n'as jamais été une femme réglée régulièrement, comme elle devrait l'être selon la terminologie.

Marie : Je n'ai été réglée régulièrement qu'avec la pilule.

Annie : Puis tu me dis que maintenant, tu es passée du côté de l'écriture, de l'expression, que tu n'as plus de règles. Comme si tu n'en avais plus besoin.

Marie: Oui, c'est vrai, mais avant de parler de ça, il faut que je te raconte une histoire qui m'est arrivée samedi.

Samedi j'étais invitée par la bibliothèque d'une ville proche de Paris à venir parler de mon livre. Pendant que j'étais là j'ai vu entrer un couple dont j'ai trouvé que l'homme était beau et la femme plutôt neutre physiquement. Des gens assez jeunes, dans les trente-trente-cinq ans, qui n'ont pas dit un mot pendant tout le temps. Mais quand on est arrivé vers la fin, l'homme m'a agressée. Enfin il m'a demandé sèchement, pourquoi je parlais comme ça aux gens.

Annie: Pas pourquoi t'écrivais comme ça ?

Marie: Non, pourquoi j'avais écrit ce livre et pourquoi, maintenant, j'en parlais publiquement. Je lui ai répondu que, personnellement, je n'avais pas du tout envie de parler de la psychanalyse, que je n'avais pas écrit un livre sur la psychanalyse. J'avais écrit l'histoire d'une femme dans laquelle la psychanalyse a une grande importance, une importance capitale même. Pour moi, c'est ça mon livre, c'est un moment dans la vie d'une femme, un roman. D'accord, j'ai vécu tout ce que vit la femme du livre, mais je l'ai vécu au jour le jour. Si j'avais pris des notes quotidiennes à cette époque et que j'aie publié ces notes une fois la psychanalyse terminée, cela aurait donné un document sur la psychanalyse. Mais ce n'est pas le cas. Longtemps après la fin de ma psychanalyse j'ai décidé de l'écrire, d'en faire mon sixième livre, car, entre-temps, j'étais devenue écrivain (ce qui fait déjà de moi une femme différente de celle du livre) et c'est en écrivain que j'ai vu cette histoire, pas en témoin. Alors il y a des parties de ma psychanalyse qui ont disparu et d'autres qui se sont enflées. Par exemple je n'ai pas écrit un mot des raclées que ma mère me flanquait pour un oui ou pour un non. Pourtant il en était souvent question pendant mes séances de psychanalyse car encore aujourd'hui j'ai peur des coups, peur qu'on me fasse du mal, sans compter que le spectacle de la violence de ma mère inhibait la mienne. C'était donc important mais comme écrivain ça me barbait à écrire : ou bien c'était écrit de façon réaliste et alors ça devenait « Sans famille », ou bien je transposais ça dans le lyrisme ou la poésie et ce n'était pas dans le ton du livre que j'ai mis des années à trouver et qui m'a portée de la première à la dernière page. Au contraire, l'histoire de l'aveu de l'avortement raté de ma mère n'a pas eu une grande importance dans ma psychanalyse parce que j'en avais un souvenir très précis et que j'en avais tiré toutes les conclusions possibles avant de commencer le traitement, je n'ai donc pas eu à fouiller beaucoup là-dedans avec le docteur. Mais, en l'écrivant, c'est devenu énorme, ça a pris une place formidable. Je me suis rendu compte en l'écrivant que cette histoire-là valait toutes les raclées du monde, elle était même plus forte, elle marquait mieux le rejet de la petite fille. On était déjà loin de la vérité et pourtant on était en plein dedans. Quand j'écris, je pars toujours de quelque chose que je connais, que j'ai vécu, et puis ça se transforme, ça s'ouvre, ça divague, le « je » pourrait devenir un « elle », mais « elle » c'est moi bien plus que « je ». « Je » est un masque.

D'ailleurs, maintenant, qu'est-ce que je fais avec toi ? — Pourtant je n'écris pas, je parle — En fait, je brode, j'ouvre des parenthèses, je ne te dis pas exactement les mots que j'ai entendus de cet homme et ceux que j'ai prononcés, d'abord parce que je les ai oubliés et parce que, même si je les savais par cœur, ils ne te traduiraient pas la réalité que j'ai vécue. Ma réalité c'est que ce garçon m'attaquait et que je me défendais, je me justifiais. C'est comme ça que j'ai reçu cet instant, comme une agression où j'étais la plus faible. Sans le savoir il touchait un point sensible, il me posait cette question que je me pose moi-même sans cesse : « Pourquoi écrire des livres comme ceux que j'écris ? Est-ce ça écrire ? » En quelque sorte il me mettait à nu devant toute une assistance. Et puis aussi je le trouvais charmant. Et enfin c'était un homme. Sa femme n'a pas dit un mot.

Bon, revenons-en à l'histoire telle qu'on nous l'apprend à l'école : logique, avec un commencement et une fin, morte. Il faut que je la finisse pour en arriver à ce qui t'intéresse, au sang.

En sortant de la bibliothèque je devais aller dans une librairie toute proche où plusieurs personnes m'avaient demandé de signer leurs livres. Je me suis rendu compte que le couple me suivait. A la librairie ils étaient là, un petit peu en retrait, silencieux. Inutile de te dire, que je ne voyais qu'eux. Je les craignais et en même temps ils m'étaient sympathiques pour une raison très simple c'est qu'il est rare de voir en France un homme jeune et beau avec une femme pas trop belle, alors que l'inverse est courant. Alors je pensais : « Par-dessus le marché il est intelligent. »

Finalement il est venu me parler. Nous étions isolés, j'avais fini de signer les livres, sa femme nous a rejoints. Il m'a dit qu'il était en analyse. Tu vois, à la bibliothèque j'étais tellement occupée à me défendre que je n'avais même pas vu son regard.

Pourtant, le regard des névrosés c'est quelque chose qui me bouleverse quand je le rencontre. Ces gens-là, ce sont mes frères et mes sœurs, plus que ça même, mes doubles, mes semblables. Je veux me battre pour eux, les aider. La névrose c'est une maladie épouvantable, insupportable à vivre, ce n'est pas par hasard si elle est à l'origine de 95 pour 100 des suicides.

Ce garçon avait dans ses yeux cette errance, ce désespoir, cet appel au secours, cette impuissance à s'exprimer, que je connais et que je comprends bien. Quelque chose de poignant. L'aliénation du névrosé c'est tragique parce que c'est une aliénation qui ne fait pas basculer le monde entier dans la folie. Il n'y a que toi, à l'intérieur, qui a basculé dans l'inutile, dans le désordre. A l'extérieur tout est normal, tu as l'air d'être consommable pour la société, alors que, à l'intérieur, tu n'y comprends rien. Plus tu t'enfonces dans la névrose moins tu peux t'insérer dans la société et pas pour des raisons politiques ou autres, pour des raisons que tu ne comprends pas, que tu ne connais pas, tu es livrée à un inconnu qui te veut du mal qui te traque sans arrêt. C'est l'enfer.

L'homme qui me parlait dans cette librairie avait tout ça dans ses yeux, s'il avait osé me parler c'est parce qu'il savait que je savais. Maladroitement il m'avait agressée mais c'est le contraire qu'il voulait faire. Ce n'est pas facile pour un névrosé de s'exprimer vraiment. Il est caché derrière tant de défenses, tant de blindages qu'il a installés il ne sait même pas pourquoi ! Alors, quand il arrive à percer ces couches qui l'étouffent, sa communication ressemble à une explosion, c'est souvent une agression.

Immédiatement j'ai changé d'attitude, j'ai essayé de l'aider à parler, je l'ai écouté. Les événements se sont déroulés de façon très amicale : le bibliothécaire a invité tout le monde à venir chez lui prendre un verre. Il habitait une vieille maison dans un vieux quartier. Une grande maison avec des pièces hautes et vastes, pleines de fleurs et de plantes. C'était chaleureux, sympathique.

En début de soirée je suis rentrée à Paris et comme le couple rentrait aussi je l'ai emmené dans ma voiture.

Et là, comme par hasard, je me suis perdue... moi qui ai un si bon sens de l'orientation ! On a bien dû mettre deux heures pour rejoindre Paris, au lieu d'une demi-heure. A chaque croisement je me perdais un peu plus. Et pendant tout ce temps-là on parlait, on parlait, on parlait. Lui était assis à côté de moi, elle derrière. Dès le début il avait dit :

« Il faut tout de même que je nous présente. Voilà Jeanne qui est professeur de philo à Paris, et moi je m'appelle André et je suis professeur de philo à X. »

Ça m'a fait quelque chose de savoir qu'ils n'étaient pas mariés et aussi d'apprendre qu'il était prof à X parce que X c'est la ville natale de mon mari. C'est une ville où j'ai passé des jours très lourds au début de ma maladie. Je débarquais d'Algérie avec mon premier bébé aux bras et je suis tombée dans une ville du Nord pleine de suie, dans ma belle-famille que je ne connaissais pas, des gens très gentils mais très stricts, très pratiquants, très à cheval sur les principes et les préjugés non seulement des bourgeois mais surtout des chrétiens. Je peux te dire que ça a été dur pour moi, cette période.

Ça me revenait par bouffées, tous les souvenirs de cette époque et c'est normal que je me sois perdue pendant que l'homme parlait et j'ai répondu un peu abruptement :

« Je n'ai aucun besoin de savoir comment vous vous

appelez, quel âge vous avez, quel est votre métier, ça ne m'intéresse pas du tout... »

Ça ne nous a pas empêchés de continuer à parler. Il a demandé :

« Est-ce que vous viendriez dîner avec nous ?

— Je ne sais pas, il faut d'abord que je passe chez moi. »

Alors que je n'avais rien à faire chez moi, que j'étais totalement libre de ma soirée.

Si je te donne tous ces détails c'est pour mieux répondre à ta question de tout à l'heure sur les règles, quand tu me disais que maintenant que je suis dans un temps où je m'enfonce dans l'écriture je n'ai plus besoin d'être réglée. Etant donné la conclusion de cette histoire il faut que je te dise comment je me suis perdue, comment je me suis embrouillée, comment j'ai résisté. Tu vas voir ce qui s'est passé.

Bon, pour l'instant nous voilà à Paris.

Annie: Et elle, qu'est-ce qu'elle faisait ?

Marie: Rien, elle était très discrète, très muette.

Je suis passée par chez moi, je n'ai fait que monter et descendre, je ne savais pas pourquoi je faisais ça puisque j'étais sûre de dîner avec eux. Tous mes agissements étaient bizarres : que je me sois perdue en chemin, que je monte chez moi sans raison et puis après que je ne sache pas trouver un restaurant. Je leur ai même dit brutalement : « Je ne vous inviterai pas à dîner. Il faut donc que vous me disiez combien vous comptez mettre dans un repas pour choisir un restaurant dans vos prix. » Je sais très bien ce qui m'a poussée à dire ça : je voulais être comme eux, comme lui surtout. Je ne voulais pas être un écrivain plus ou moins connu qu'il admirait. Je voulais être pareille, à égalité. Tout cela ne

32

me ressemblait pas. D'habitude j'ouvre toutes grandes les portes de ma maison à qui vient vers moi, surtout à qui est plus jeune que moi et me demande, consciemment ou inconsciemment, de l'aide. Je suis assez accueillante, assez maternelle. Ce jour-là je refusais d'être comme ça.

Avec l'histoire du restaurant je me perdais de nouveau. Il y avait un vide dans ma tête, une vacuité plutôt, une liberté. Je n'avais aucune idée de l'endroit où nous pourrions aller. Alors que je vais très souvent au restaurant, que j'en connais des quantités, de toutes sortes, des chers et des pas chers. Là, tout à coup, c'était comme si je ne connaissais pas un seul restaurant dans Paris. Finalement, comme ils attendaient tout de moi, parce que eux-mêmes ne connaissaient rien à ce sujet, j'ai dit :

« Allons rue Mouffetard, il y a des tas de restaurants, on en trouvera bien un. »

J'aime la rue Mouffetard, elle me rappelle certaines rue de Bab-el-Oued ou de la casbah, à Alger : étroites, très en pente, avec des magasins partout, des lumières partout, des gens partout.

J'ai rangé ma voiture à la hauteur de la rue de l'Epée-de-Bois, tout près de l'ancien théâtre qui a été démoli et dont Jean-Pierre s'est occupé en 68. Je peux dire qu'il vivait là, c'était son laboratoire, son champ de manœuvre, sa maison. Les gens venaient, ils apportaient des textes, des musiques, des idées, les spectacles naissaient spontanément. C'était intéressant. J'y venais tous les jours, une fois mon travail terminé, et je me passionnais pour ce qui se passait là. J'étais heureuse. Tout ce coin de Paris est pour moi synonyme de bonheur, d'invention, de jeunesse...

Me voilà donc rue Mouffetard avec ce couple. Je ne

cherchais pas à analyser mes errances, à réfléchir à la situation. Autant j'avais eu un comportement hésitant, méfiant, autant maintenant je me sentais insouciante, libre, gaie.

Nous avons remonté toute la rue, inspectant les menus affichés et les prix de chaque restaurant, regardant les vitrines des magasins, leurs étalages, nous intégrant à la foule qui flânait, montait et descendait. Il y avait des gâteaux arabes en pyramides, des moutons qui rôtissaient sur des broches, des tomates et des poivrons farcis. Tout ce que j'aime, des odeurs d'herbes et d'épices. Et puis nous avons trouvé une crêperie, en haut, près de la place de la Contrescarpe.

Or ce restaurant ne m'était pas absolument inconnu. J'y étais venue une fois avec mon frère, il y a longtemps. Mon frère est un homme que je ne connais pas. Il est mon aîné. La différence d'âge qui aurait dû s'effacer avec les années ne s'est pas effacée. Quand je suis avec lui, ce qui est rare, je me sens toujours la petite sœur pas sérieuse que j'étais ; je crains la gravité de mon frère, son austérité, son intransigeance...

Il y avait un monde fou dans cette crêperie, les gens étaient serrés comme des sardines autour de tables étroites. Nous avons trouvé trois places : lui en bout de table et elle en face de moi. L'atmosphère était légère, chaleureuse, nous bavardions. Le serveur, gêné dans son travail, nous bousculait un peu, les dîneurs se levaient, s'asseyaient, il y avait un mouvement et un bruissement continus qui nous isolaient. Pour mieux nous entendre nous nous étions encore plus rapprochés l'homme et moi et nous nous penchions l'un vers l'autre. Nous parlions d'une façon insouciante, épaule contre épaule, et nos jambes un peu embrouillées sous la table. C'était extrêmement agréable, j'en garde un très bon souvenir. Ça a duré tard. La femme avait complètement disparu, je n'ai aucun souvenir de ce qu'elle a pu dire ou faire. Il n'y avait que lui et moi qui comptions. La nuit était délicieuse...

Et le lendemain j'avais mes règles ! Alors qu'il y avait des mois et des mois que je ne les avais pas eues, que je croyais que je ne les aurais plus. Mon médecin m'avait dit que j'avais bien l'air, effectivement, d'avoir une ménopause précoce. Ça arrive. Plusieurs fois, au cours de la soirée j'ai pensé à ça, au fait que j'étais ménopausée, à chaque fois ça m'a pincé un peu le cœur : j'étais une vieille femme et lui un beau jeune homme. Quel dommage ! Nous nous plaisions tant.

Dans la nuit qui a succédé à cette soirée j'ai rêvé de sang, rêvé que j'avais mes règles. Depuis ma psychanalyse je suis toujours prévenue par un rêve, ou une rêverie, que je vais avoir mes règles. Comme si mon corps savait ça bien avant moi. Le matin je me suis réveillée en pensant «Ça serait un peu fort si ça débarquait». Et, en fait, ça a débarqué dans la journée.

Annie : Alors ça, c'est une belle histoire.

Tu te rends compte, tu me dis que tu as fait un choix dans la vie, que tu as choisi l'écriture, que, depuis, tu n'as plus tes règles, comme si tu n'en avais plus besoin pour vivre et maintenant tu évoques une petite histoire, nettement érotique, qui s'accompagne, dès le lendemain, d'un retour des règles.

Je crois qu'il faut parler de ça. D'abord parce que c'est le sujet le plus difficile à aborder quand on veut parler de sa féminité, le plus refusé, le plus refoulé, donc le plus intéressant. Là on va trouver des choses, tu ne crois pas ?

Marie : Peut-être. En tout cas c'est un sujet auquel je pense beaucoup. Mais tu vois, je ne sais rien, je cherche. Simplement je crois que les femmes sont encore plus tenues à l'écart de leur corps que les hommes, à cause des tabous très lourds qui pèsent sur notre sang, sur nos règles. Ces tabous je les ai ressentis encore plus fortement que les femmes normales parce que j'ai toujours somatisé sur mon ventre, j'ai toujours transporté les ennuis de ma tête dans mon utérus. Toutes les complications gynécologiques je les ai eues, elles se sont à chaque fois résolues quand j'ai résolu mes problèmes psychiques.

Annie : On le voit bien à travers l'histoire que tu viens de raconter et aussi à travers *Les Mots pour le dire.* Pour toi, les règles sont un point crucial de la féminité, elles sont chargées de sens, tellement qu'elles disparaissent quand on n'en a plus besoin. A partir du moment où tu n'es plus dans le désir de l'enfant, de faire de l'enfant, tes règles s'arrêtent, elles n'ont aucune utilité pour faire du livre. Mais à partir du moment où tu retrouves la nécessité de faire autre chose que du livre, elles reviennent.

Marie : Oui, c'est ça, mais je me demande si ce n'est pas pareil pour toutes les femmes.

Annie : Je crois que c'est pareil mais en moins bien. Je veux dire que les femmes répondent aux règles comme si c'était la règle générale de leur corps, une sorte d'obligation, de nécessité, la loi, d'avoir des règles. Sans se rendre compte du sens profond contenu dans les règles, sans voir ce qu'elles contiennent intimement de vœux ou de refus. Ça devient simplement une sorte de mécanisme et les femmes sont, en général, mieux réglées que toi. Tu vois ?

Marie : Oui.

Annie : Mais dans mon esprit ce n'est pas une décoration que je leur donne, au contraire. Elles se soumettent par là à la règle de la féminité qui veut que vers l'âge de douze ans on ait ses règles, jusqu'à cinquante-cinq ans, âge où on peut s'arrêter parce que ce n'est vraiment plus le moment de faire des enfants. Pendant tout ce temps-là elles sont réglées, ça tombe tous les vingt-huit jours, ça fait de la bonne petite machine qui tourne bien. C'est la réponse standard de la féminité. On s'interroge sur celles qui se dérèglent, on devrait s'interroger sur celles qui fonctionnent comme des machines, sans avoir épousé le phénomène des règles, de la règle.

Marie : Annie, attends ! Nous sommes en train de faire quelque chose de tordu. Nous partons de mon cas pour aller vers la généralité. Il ne faut pas oublier que nous nous servirons peut-être de cette conversation pour en faire un livre. Or mon cas, non seulement il est particulier mais, par-dessus le marché, il n'est pas normal. Il faudrait donc l'étayer, je crois, lui donner de l'épaisseur, dire ce que nous savons par ailleurs qui pourrait servir à le corroborer. Par exemple je sais que dans la plupart des cas d'anorexie mentale les femmes n'ont plus de règles. Je sais, par des gynécologues, que beaucoup de femmes ont cessé d'être réglée après avoir été violées ou après avoir été abandonnées par leur mari, ou après avoir perdu leur enfant. Pour ces mêmes raisons d'autres femmes, au contraire, ont eu des règles anarchiques, perdant du sang sans arrêt, n'importe quand, n'ayant plus de cycle régulier. Affolées quoi !

Il ne faut pas oublier de dire non plus qu'il y a des

dérèglements qui ne sont pas psychosomatiques, qui sont purement physiologiques.

Ce que je veux dire c'est que la vie gynécologique des femmes est très liée à leur esprit. A la limite je pense même que nous ne devrions pas avoir besoin de pilule pour avoir ou ne pas avoir des enfants. Si nous connaissions mieux notre corps je crois que nous devrions savoir quand nous sommes en période d'ovulation. Pendant cette période la température monte et nous ne le sentons pas. Alors que la même montée de fièvre nous la sentons si elle est causée par autre chose.

Je pense aux peuplades qui s'étiolent ou disparaissent, qui ne se reproduisent plus. On dit que c'est à cause de la consanguinité. Je me demande si ce n'est pas parce qu'il ne leur est plus possible de se reproduire dans les nouvelles conditions de vie que la civilisation leur offre, la vie n'est plus possible pour eux dans ces conditions-là. Je sais qu'il est très dangereux de faire des rapprochements zoologiques, qu'il faut s'en méfier, mais cela ne m'empêche pas de penser que le même phénomène se produit pour les animaux qu'on prive de leur liberté : généralement ils ne se reproduisent plus.

De même, je crois que nous sommes les seules femelles de mammifères qui cessons d'avoir nos règles à un certain âge. Les chiennes, les chattes, en tout cas, peuvent avoir des petits toute leur vie. Et plus la femme vieillit plus elle risque de mettre au monde des enfants anormaux, des mongoliens. Alors que le sperme de l'homme ne s'altère pas avec l'âge.

Ne crois-tu pas qu'il y a un conflit entre le désir et la raison, entre la vie et la mort aussi ? Ne crois-tu pas qu'une femme sait qu'elle a de fortes chances de ne pas pouvoir élever son enfant si elle le fait trop tard ? Quelle préfère ne pas en avoir à en avoir un anormal qui ne vivra pas plus longtemps qu'elle ? C'est grave ce que je dis là, c'est même scandaleux dans un sens. Mais pourquoi ne fait-on pas des recherches dans ce sens ? Je suis certaine qu'on arriverait à des découvertes troublantes, bouleversantes même.

Annie : Oui, il faudrait étudier sérieusement le lien des femmes avec leurs règles, comment elles passent ça dans leur corps, comment elles intériorisent cette relation, comment elles mêlent très intimement la norme imposée et leur propre désir, au point que c'est parfois inextricable. Et comment il faut qu'elles arrivent à composer avec les deux.

C'est pour ça que ce phénomène des règles qui commencent à un certain âge et se terminent à un certain âge, c'est certainement un mélange, le mélange d'une norme et d'un désir.

Par exemple, comment se fait-il qu'en France on soit en train de constater que l'âge moyen de la puberté avance...

Marie : Et que l'âge moyen de la ménopause recule.

Annie : C'est ça. On dit que dans d'autres civilisations, les civilisations méditerranéennes par exemple, les femmes sont réglées plus tôt pour des raisons naturelles : climatiques, biologiques... Mais comment se fait-il que dans notre pays, où les conditions naturelles sont toujours les mêmes, on ait pu noter, en cinquante ans de temps, un changement dans l'âge de la formation chez les filles ? Est-ce que ce n'est pas tout simplement qu'il y a une appréhension sexuelle plus précoce, plus vive, ou des motivations à la maternité qui se font plus précocement ? Qui font que les filles « se font » femmes plus tôt ?

Marie : C'est-à-dire que la féminité, telle qu'elle est vécue de nos jours dans notre pays, est liée aux règles qui sont elles-mêmes liées à l'accouplement. Quand tu n'as pas tes règles tu n'es pas « baisable » soit parce que tu es trop jeune soit parce que tu es trop vieille.

Annie : Je dirais aussi que c'est lié à la fécondité.

Marie : Surtout à l'accouplement. Les femmes ont envie de faire l'amour pour faire l'amour. Elles ont aussi envie de faire des enfants mais, consciemment, elles n'y pensent pas à chaque fois qu'elles s'accouplent. Elles pensent à éprouver du plaisir, à jouir.

Annie : Oui, et tu n'es perçue comme femme que pendant une certaine période de ta vie. Il y a le temps d'avant la féminité et il y aura le temps d'après. Ce qui fait que la féminité n'est absolument pas garantie, c'est grave. J'ai pu ne pas être femme, je peux ne plus être femme, je ne suis femme qu'à condition d'avoir mes règles.

Marie : Les règles sont liées à l'idée de jeunesse. Tiens, par exemple, l'année dernière, au Québec, un groupe de femmes a monté un spectacle de femmes qui s'appelait *La Nef des sorcières.* Il y avait un texte magnifique sur la ménopause. Quand Luce Guilbault qui montait le spectacle a cherché une comédienne pour dire ce texte elle n'en a pas trouvé. Toutes les comédiennes en âge de le dire ont refusé. Elles ont toutes donné la même raison : elles ne pouvaient pas imaginer ce que c'était que d'être ménopausées... Elles ne pouvaient pas se mettre dans la peau du personnage. Une seule a osé avouer : « J'ai un jeune amant que j'aime, je tiens à le garder... »

Toutes les idées reçues, qu'elles soient culturelles, esthétiques, etc. pèsent terriblement fort sur notre sexualité. L'amour va avec vingt ans, alors que nous savons toutes et tous que ce n'est pas vrai. La compensation « c'est dans les vieux pots qu'on fait les meilleures soupes » n'arrange rien parce que les hommes ne s'en vantent pas, ils cachent les vieux pots, ils en ont honte et nous ça ne nous fait pas plaisir d'être traitées de « vieux pots ».

Annie: Dans son livre sur la vieillesse, Simone de Beauvoir traite de la sexualité après la ménopause et c'est vraiment intéressant. Mais je voudrais bien savoir combien de femmes ménopausées parviennent à vivre simplement leur accouplement.

Marie: Je pense que ça ne peut être bien vécu que si elles vivent avec un homme qui se fiche pas mal des principes, des préjugés et des vieilles idées reçues, qui les aime comme elles sont et qui continue à leur faire l'amour comme avant.

N'empêche que je pense qu'une femme qui n'a plus ses règles a du mal à chasser.

Annie: C'est-à-dire que si l'occasion se présente elle dit oui mais sinon elle a plus de réserve qu'avant.

Marie: Je crois que ça doit se passer comme ça.

Annie: Il lui faut le désir d'un autre pour qu'elle puisse consentir à sa propre féminité.

Marie: Voilà. La ménopause est une sorte de honte qui pèse sur elle, une honte telle qu'elle rend son désir indécent. La ménopause doit signifier la fin du désir. C'est tout de même un sort absurde que celui des femmes : toute leur vie elles ont dû cacher leur sang et pourtant ce sang est une légion d'honneur puisque lorsqu'elles sont obligées d'enlever cette décoration bien rouge elles ne sont plus des femmes, elles sont des enfants ou des grand-mères. En tout cas la chasse leur est interdite. Et Dieu sait que les femmes chassent !

Annie: Avec les pauvres moyens qui leur sont restés.

Marie : Oui, et qui ne sont pas désagréables, auxquels nous nous sommes bien habituées, que nous savons bien manipuler.

Annie : Il faut déborder d'invention, il faut ruser, il faut faire mine de ne pas... c'est malicieux. Est-ce que c'est amusant ?

Marie : C'est tout à fait pervers, tout à fait hypocrite, c'est mignon comme certains hameçons, c'est ravissant comme certaines mouches pour attraper les truites...
Je pense que le seul fait de savoir depuis notre naissance que nous allons changer de nom le jour de notre mariage nous donne, en même temps qu'une identité floue, le sens du jeu, de la duplicité, de la fluidité, de la fuite.

Annie : Oui, les femmes ne savent jamais vraiment où elles sont femmes, à quelles conditions elles sont femmes. Il y a certainement une imposition moins stricte en ce qui concerne la femme qu'en ce qui concerne l'homme.

Marie : Nous ne sommes pas définies comme ils le sont. Là aussi la situation des femmes est absurde dans nos sociétés. Elles sont les gardiennes de la tradition, de l'éducation, de tout ce qui est ou doit être stable et elles-mêmes peuvent avoir plusieurs identités, changer selon qu'elles sont la femme de X ou de Y...

Annie : Même dans les rôles sociaux. Par exemple une femme peut ou peut ne pas travailler, tandis qu'un homme qui ne travaille pas c'est un chômeur et être un chômeur c'est beaucoup plus grave, beaucoup plus dramatique que d'être une chômeuse.

Marie : A tel point que tu as un mal de chien si tu travailles et que ton mari ne travaille pas (ce qui est mon cas) à faire admettre ça par le contrôleur des impôts.

Pour lui c'est une situation inadmissible et même douteuse. Il y en a un qui m'a déclaré une fois : « Je ne comprends pas pourquoi vous restez avec lui, vous pouvez divorcer, ça vous donnerait une situation plus claire. » Quand j'ai déclaré que je l'aimais comme ça, que ça ne me dérangeait pas, le type m'a regardée avec un drôle d'œil, j'ai senti qu'il pensait : « Il y a quelque chose de louche là-dessous. »

Annie : Une figure de femme c'est une espèce de navigation à l'incertain. C'est pas joué au départ. Ce qui est joué c'est ce qui s'impose de l'extérieur : une jeune fille doit trouver un mari, qui lui fait des enfants, etc.

Mais, théoriquement, il y a une gamme de possibilités psychologiques beaucoup plus grande pour les femmes que pour les hommes. Tout est bien davantage possible pour les hommes.

Je me demande si ce côté vague n'est pas le bon côté, celui qu'il faut travailler, approfondir. Je dirais que je me fous d'une certaine définition de la femme et que même je voudrais en arriver à une subversion de toute définition possible parce que définir, ce serait arrêter, ce serait donner une réponse à quelque chose qui est largement défini, à savoir, la virilité. Or il n'y a pas de pendant à donner à la virilité, il n'y a pas à donner une image de la femme par rapport à l'image de l'homme. Au contraire il faut montrer jusqu'à quel point nous n'avons jamais pu entrer dans une définition. Tellement qu'on dit de nous les choses les plus contradictoires, que nous sommes fantasques et terre à terre, rêveuses et accrochés à la réalité, à la maison. Je crois que ça n'a pas été bon, dans un premier temps du mouvement féministe, d'essayer de dire : voilà qui nous sommes. Nous sommes l'ensemble de ce qui peut être, un point c'est tout.

Marie : Finalement, ce sont les hommes qui sont réglés...

Ça me plaît ce vague, ce don du vague. Mais j'aimerais que tous les êtres humains puissent se permettre d'être vagues, que ce soit permis aussi aux hommes d'être vagues.

Annie : Justement, si nous arrivons vraiment à travailler dans ce vague nous finirons par prouver que eux aussi sont vagues. C'est ce qui m'intéresse dans le travail que nous pouvons faire, dans les livres que nous pouvons écrire. Et nous aurons plus de facilité qu'eux pour y arriver parce que, eux, ils sont enfermés dans leur truc, ils ne savent pas jusqu'à quel point ils sont infiniment vagues et possibles.

Marie : Je suis tout à fait d'accord avec toi, ça serait le plus grand service qu'on puisse rendre à l'humanité, ça ferait éclater l'Histoire telle que nous la vivons dans nos civilisations, qui étiquette tout, qui délimite tout, qui baptise tout, qui enterre tout, qui « chronologise » tout. Si on arrivait à admettre que tout est vague, que le vague c'est une gaieté, un bien-être pour l'être humain, ce serait quand même plus intéressant de vivre. Mais ce ne sera pas facile à faire admettre ça aux hommes, parce que, eux, leurs règles, ils y tiennent.

Au fond, nous les femmes, nous sommes dans une situation privilégiée en ce moment car nous sommes sorties d'une définition qui nous a été donnée depuis des siècles...

Annie : Et qu'on n'a jamais remplie correctement.

Marie : Evidemment puisqu'à chaque fois qu'on définit on arrête, on bloque, on stoppe.

En allant chez Annie j'éprouvais une sensation comparable à celle que je ressentais, étant enfant, sur le chemin de mon école. Dans les deux cas j'étais toujours en retard... C'était la course.

J'habitais tout près du terminus des tramways, à Mustapha Supérieur, sur les hauteurs d'Alger. J'aurais donc pu prendre un de ces insectes ferraillants dont les antennes, à chaque carrefour, faisaient jaillir des étincelles bleues et dorées. Mais, d'une part, ils étaient moins rapides que mes jambes et, d'autre part, ils contenaient souvent un monsieur redoutable : André Gide.

Ma famille habitait une grande maison à deux étages, entourée de jardins. L'étage supérieur était occupé par Jacques Heurgon, professeur à l'université, et par sa femme, Anne Desjardins, la fille du dernier grand mécène français. Pendant l'occupation de la France par les nazis certains écrivains ont traversé la Méditerranée et ceux qui avaient été accueillis par Desjardins à l'abbaye de Pontigny ont naturellement abouti chez sa fille, à Alger. Elle avait trois enfants et très vite sa maison est devenue trop petite. C'est alors que ma mère enchantée de l'aubaine a mis notre maison à la disposition des « maîtres ». Ainsi, Gide venait chaque jour se reposer dans notre bibliothèque, une petite pièce lambrissée couverte de livres du sol au plafond. Il y avait trouvé des éditions originales ou des éditions de luxe de ses ouvrages qu'il corrigeait avec acharnement. En face de chaque correction typographique il apposait son paraphe et il notait dans son journal l'inadmissible et lamentable état de la typographie des belles éditions. Quand il rencontrait ma mère c'était son unique sujet de conversation. Il était maniaque et je le détestais.

Une fois par semaine les Heurgon s'absentaient. Je ne sais plus où ils allaient. Comme Gide ne voulait pas les suivre on m'avait demandé de lui préparer des œufs sur le plat pour son déjeuner. Cela ne s'est peut-être produit que deux ou trois fois mais il me semble que c'est arrivé souvent tant j'en ai gardé un mauvais souvenir. D'abord j'étais paralysée par l'admiration, le respect, dont tout le monde l'entourait, ensuite j'avais douze ou treize ans et je n'avais pas de compétences culinaires particulières. A l'heure dite je montais dans la cuisine des Heurgon où Gide m'attendait, assis sur une chaise, près du fourneau. Tout était préparé. Je me demande bien pourquoi on m'avait demandé de faire ça. La corvée commençait. Tout mes gestes étaient épiés et commentés par Gide ; comment je cassais les œufs, comment je les laissais tomber dans la poêle, comment je mettais le sel, et le poivre, comment le feu était trop fort ou pas assez fort... Il n'avait qu'à les faire lui-même !

N'empêche que ce vieux bonhomme m'intriguait car ma mère m'avait interdit d'ouvrir ses livres : « Ils ne sont pas pour les petites filles. » Inutile de dire qu'à la première occasion je les avais ouverts et que je n'y avais rien compris. Ma curiosité en avait été avivée et comme il lui arrivait souvent de recevoir des amis chez nous, dans le grand salon, j'avais décidé d'assister clandestinement, à une de ces réunions, pensant y entendre des propos salaces. Un coin de la pièce était occupé par un piano à queue drapé d'un châle sévillan qui tombait jusqu'à terre ; ce serait ma cachette. Alors, un jour, en rentrant de classe, j'ai commencé par me faire un bon goûter puis, une fois nantie de ces provisions, je me suis enfournée sous le piano, sachant que j'en aurais jusqu'au soir. A travers les franges du châle j'ai vu arriver des messieurs très sérieux et parmi eux Saint-Exupéry que j'avais vu d'autres fois et que j'aimais bien parce qu'il avait une petite tête ronde en haut d'un corps immense, toujours en uniforme.

Je me suis ennuyée ce jour-là autant que je m'ennuie aujourd'hui dans les réunions d'intellectuels parisiens ! C'était interminable et cela ne m'a pas servi à comprendre l'interdiction de ma mère...

A part ça, Gide avait plusieurs fois regardé mes livres et mes cahiers de grec et de latin et vérifié par des questions perverses que je ne savais rien. Justement, ces investigations s'étaient le plus souvent passées dans le tram. Comme c'était le terminus il n'y avait la plupart du temps que nous deux au départ. Impossible de l'éviter. Moi j'étais là, avec mon uniforme de petite-fille-de-bonne-famille-qui-va-dans-une-bonne-école et mon cartable, à faire mes devoirs au dernier moment sur mes genoux. Lui, il arrivait avec sa cape, son béret, sa tête de Chinois et ses sandales en pneu de camion. J'en avais une peur bleue.

Raison majeure pour ne pas prendre le tram. D'autant plus que je connaissais un chemin très rapide, un raccourci pentu et périlleux, qui avait l'avantage de me faire traverser le parc de Galland, mon paradis. Paradis d'abord parce qu'il portait le nom de ma tante Lilia, une grande et large femme que j'aimais, et ensuite parce qu'il contenait, dans ses escarpements, les arbres, les plantes, les couleurs, les parfums, que j'aimais. Je courais à toute vitesse, je traversais comme un avion des zones de verts, de rouges, de jaunes, des senteurs de frésia, de glycine, d'œillets, de roses, de jasmin. J'étais sensible à tout cela que je n'avais pourtant pas le temps de regarder puisque mon attention se portait surtout sur la pente raide que je dévalais et dans laquelle le moindre faux pas m'aurait fait faire une chute dangereuse. Je bondissais pour éviter une roche mais ça ne m'empê-chait pas de sentir que les roses-thé étaient en fleur, que l'ombre du cyprès était plus épaisse, qu'il avait plu la nuit précédente... Cette course me procurait une exalta-tion formidable, mon être entier y était occupé et j'en jouissais d'autant plus que j'imaginais le tramway se traînant dans ses lacets et secouant probablement le Père Gide dans un tintamarre de ferraille. Tant pis pour les étincelles !

Pour aller chez Annie il n'y a pas de tram, pas de Gide, pas de parc de Galland, pas d'odeurs ni de couleurs africaines, il n'y a que l'essentiel : une hâte heureuse et absorbante.

Mais surtout, sur mon chemin pour aller chez Annie, il y a l'impasse au fond de laquelle je suis allée année après année, semaine après semaine, pour me guérir, pour me mettre au monde. En allant aux rendez-vous

48

que me fixait Annie, quand j'en avais le temps, je ralentissais et je considérais dans son ensemble ce pertuis du quartier. Quand je n'en avais pas le temps mon esprit s'en allait par là tandis que je faisais attention à conduire sans avoir d'accident. A chaque fois je voyais la femme que j'étais se diriger vers la grille de la dernière maison, à gauche. A chaque fois j'éprouvais de l'amour pour celle qui portait mes vingt ans, mes trente ans ; de l'amour et de la tendresse. A chaque fois j'ai pensé à l'angoisse qui me faisait me presser sur les pavés disjoints.

Comment puis-je penser à l'angoisse, tout simplement, un beau matin, en conduisant, comme je pense à un menu de déjeuner ! Comment puis-je seulement l'évoquer sans crainte de la faire naître et de la sentir m'étrangler ? D'où m'est venue la force de la vaincre, d'en délivrer la femme qui tremblait ?

Immuable. Il fallait que le monde se fige. Il fallait cette fixité pour stopper la montée de la peur. La femme luttait pour éviter les prises de l'angoisse qui venait de se coller à elle, subrepticement, sans qu'elle ait pu en prévoir l'agression. La femme s'agitait, elle pensait : « Ce n'est rien, ce n'est rien, ça va passer. » Alors que la sueur mouillait déjà son corps et que le cœur battait fort. Il suffisait de tout arrêter, de se terrer dans un endroit sombre, lisse, silencieux. Tout chasser, tout supprimer. Car l'angoisse s'agrippait à n'importe quoi, aux particules de lumière dans un rayon de soleil, au pépiement des oiseaux dans l'arbre du square, loin, au bruit métallique du seau qu'on dépose dans la cour, en bas. Elle s'agrippait à encore moins que ça, à la qualité de la lumière qui indiquait l'heure, à l'air qui passait sous la porte désignant le temps, aux odeurs du vide entre les objets révélant la vie. Quelle vie ? Qu'est-ce que ça veut dire vivre ? Je ne suis pas capable de vivre ! Il fallait tout boucher encore plus, tout paralyser, tout anéantir. Immuabilité. Statue. Minerve dans une allée de buis taillés, dont les yeux blancs ne cillent pas, que rien ne touche, qui ne sent ni la pluie ni le vent, ni le regard des promeneurs. Surtout pas le regard des autres. Yeux à facettes, luisants, péremptoires, meurtrissants, fourbes. Epées. Dagues. Fourches. Couteaux. Armes de la terreur. Flammes de l'horreur.

La femme brûlait du dehors. Elle était au centre du cataclysme qui embrasait l'univers, qui ravageait la ville, le pays, les continents, et ses enfants.

Fermer les yeux, la bouche, les oreilles, le nez. Ne plus faire un mouvement, se replier, se murer. Que le dehors n'existe plus.

Sous-marin. Etre un sous-marin blindé, aveugle, reposant sur une plage de sable des grandes profondeurs, là où rien ne bouge. Mort.

Tout le mal que l'angoisse se donnait pour présenter la mort, cette grande actrice blanche, mauve, grise et roide, sur le théâtre de l'immobilité !

La mort était l'unique solution pour parvenir à la paix. Quelle mort ? La lame de rasoir, le revolver, la chute dans le vide, les comprimés, le gaz, le métro, le fleuve, la corde...? Lequel de ces toboggans ferait le mieux glisser la femme jusqu'à la mort ?

Il y avait comme un répit pendant que la femme cherchait la meilleure manière de supprimer l'agitation, le mouvement, le changement. Elle avait l'impression de choisir son suicide, cela lui donnait de l'importance, comme avant quand elle allait au marché et qu'elle se disait : « Voyons, qu'est-ce qu'il y a de bon, de pas cher et qui fera plaisir à tout le monde à la maison : de la charcuterie, du poisson, des œufs... ? »

Ce repos ne dure pas, il n'est qu'un palier dans l'ascension de l'angoisse. Maintenant c'est le dedans de la femme qui se met à grouiller. La porte de la mort s'est fermée brutalement parce que la femme a vu son corps mort, son corps suicidé offert aux regards. Non ! Pas la mort !

Elle est prisonnière d'elle-même, de son sang, de ses excréments, de sa sueur, de son urine, de ses larmes, de sa salive, de sa digestion. Les cellules s'usent et se remplacent, le cœur bat, le sang tourne, ce que je mange se transforme en merde, ce que je bois se transforme en pisse ! Tout bouge ! Pourquoi ? Tout bougera encore dans la mort. Putréfaction. Décomposition. Fermentation. Ma viande noire pue. Mon sang coule sur le trottoir le long des joints de ciment. Mon ventre est gonflé d'eau à péter. Mon cadavre gris est à la morgue, il attend d'être livré à un homme ou à des enfants. Non ! Pas ça !

La femme court comme une folle ! Elle fuit !

J'ai parlé et je l'ai délivrée. J'ai bataillé pendant des années pour la délivrer et je l'ai délivrée. Elle dort maintenant en moi avec ma jeunesse. Elle est en sécurité, au calme. Enfin.

Je ne la quitte pas. Je suis née d'elle peu à peu. Je suis sortie d'elle doucement, pendant que, recroquevillée comme un fœtus sur le divan du docteur, elle cherchait les mots qui anéantiraient l'angoisse. Plus je devenais grande plus elle devenait petite, toute petite. Je me suis dressée. Je me suis mise à marcher. Un jour j'ai été assez forte pour la prendre en moi. Elle n'était plus qu'un minuscule embryon, une graine d'enfance, une semence d'espoir, un germe d'amour. Un commencement. J'avais près de quarante ans. Il n'y a pas longtemps que je vis.

Cela me faisait du bien de passer devant la rue du docteur et sa maison au fond : j'ameutais les souvenirs et je mesurais avec précision la distance incroyablement longue qu'il y a entre la femme que j'étais et celle que je suis. Nous n'appartenons pas aux mêmes galaxies. Mais ma richesse c'est d'avoir été cette femme et d'être celle que je suis et de pouvoir passer de l'une à l'autre car le pont qui nous relie est solide, c'est l'analyse minutieuse, presque maniaque, que j'ai dû faire trois fois par semaine pendant sept ans, de ce qui m'avait enfoncée dans la névrose. J'ai décortiqué toutes les lois qui m'avaient asservie au point de faire de moi une loque.

Les lois de ma classe que, par amour pour ma mère, je n'avais jamais jugées, jamais modelées à ma personne, encore moins rejetées. Je les avais endossées avec leurs rigueurs, leurs hypocrisies et leurs pompes sans les contester. Elles ont formé autour de moi un carcan qui m'a torturée jusqu'à la folie. Les lois de la bourgeoisie sont mauvaises pour les humains, elles les avilissent.

Ensuite les lois des hommes qui sont celles de tous les pouvoirs. Les femmes n'ont que le pouvoir de ruser, de mentir, de composer.

Les lois de l'Eglise catholique qui mêlent les deux précédentes en un amalgame ignoble peint aux couleurs du sacrifice, de la guerre et de l'or : notre morale.

La soumise et la révoltée. Mais ma soumission et ma révolte ne sont pas taillées dans le même bois. L'une était aveugle, l'autre a un œil de lynx. L'une était faite avec des mots creux, l'autre est faite avec des mots pleins à craquer,

La parole est un acte. Les mots sont des objets. Invisibles, impalpables, wagons divaguant dans le train des phrases. Les hommes les ont fermés hermétiquement, ils y ont emprisonné la femme. Il faut que les femmes les ouvrent si elles veulent exister. C'est un travail colossal, dangereux, révolutionnaire que nous avons à entreprendre. Ce sont bien ces mots-là que j'écris. Je n'ai pas peur du premier ni de ses adjectifs. Je prétends même qu'il faut ouvrir « travail » et « révolution » pour y trouver le désir et le jeu dont ils ont été amputés.

Annie: Si tu parlais de ton écriture, tu la placerais du côté du jeu, de la jouissance, ou du côté de la lutte ?

Marie: La jouissance et la lutte sont complètement mêlées, complètement imbriquées l'une dans l'autre quand j'écris. Par exemple, en ce moment je suis en train d'écrire un livre dans lequel l'Irlande — un certain coin d'Irlande — tient une place importante, c'est même le fil conducteur du livre. Je dois décrire un morceau de côte, un bras de mer. Cette description est capitale, c'est elle qui donnera le ton du livre ; il faut que je fasse passer à la fois la mouvance et la permanence de ce lieu, car ces deux éléments sont les clefs des pages. Pour parvenir à traduire ce paysage en mots écrits je commence à me battre avec moi-même, je dois m'enfoncer dans mon désir pour savoir exactement ce qu'il renferme. Il n'y a qu'un parfait accord intérieur, une parfaite honnêteté, qui puisse me faire passer à l'acte d'écrire. C'est une lutte très destructrice que je mène avec ma propre personne. Quand le désir ne cède pas à l'analyse alors je prends mon cahier et mon bic et j'essaye d'écrire.

Je n'y arrive jamais du premier coup. J'emploie des

stratagèmes semblables à ceux que j'employais dans mon enfance quand on me forçait à manger quelque chose que je n'aimais pas. Je me disais « à la la une, à la la deux, à la la trois et hop! la purge », j'avalais tout rond. Je fais un peu pareil avec mon bic, je me force à écrire. J'écris : « je n'ai rien à écrire », « pourquoi ? », « parce que je ne sais pas écrire »... Comme ça pendant cinq à six lignes et petit à petit ça démarre. C'est une opération de coups de pied au cul. Finalement, à force de travailler, de me battre avec moi j'arrive à trouver l'ouverture qui laisse passer ma pensée, et à ce moment-là, ça devient un jeu, un jeu délicieux. Une fois que je suis embarquée sur une page je peux rester avec elle huit, dix heures de suite, qui sont les meilleures heures de ma vie, je n'ai aucun autre besoin, je suis heureuse, je ne me rends pas compte du temps qui passe, je n'ai ni faim ni soif, ni froid, ni chaud. Mais avant de vivre ces heures, quel supplice, quelle remise en cause! Disons qu'il me faut à peu près trois ans pour écrire un livre et que dans ces trois ans il y a six mois de bon. Six mois pendant lesquels ça coule, c'est mûr, rien ne peut m'arrêter, même pas mes réflexions les plus destructrices sur ce que je suis en train d'écrire, sur le fait d'écrire, sur ma prétention à être un écrivain. Quelques mois délicieux et le reste du temps à me couper en morceaux, à faire de la cuisine chinoise avec ma propre personne...

La lutte de moi contre moi. Quelquefois je me ravage, je ne peux plus écrire pendant des semaines. J'ai honte de ma vanité. Qu'est-ce qui me prend ? Pour qui je me prends ?

Annie : Et tu t'accuses de te prendre pour qui alors ?

Marie : Pour quelqu'un qui a le culot de se faire

publier, c'est-à-dire de donner à lire à des milliers de personnes des pages qui sont sorties de sa tête, comme ça. Quelle prétention ! Je suis paralysée par le droit et l'importance que je me donne. Je retrouve tous les éléments qui ont composé ma névrose, le désir de me supprimer, la mauvaise conscience, le mépris de moi... Mais mon goût d'écrire est si grand qu'il est capable de dépasser ça.

Annie : C'est par là que tu existes.

Marie : Oui. Encore qu'il m'arrive de rêver que j'étais faite pour faire du cabaret.

Annie : Comment ça ?

Marie : J'aurais aimé être Yvette Guilbert qui chantait et disait sur scène. J'ai fait cette expérience quand j'étais étudiante. J'appartenais au groupe de théâtre amateur de l'université d'Alger. Nous avions monté *Monsieur de Pourceaugnac* de Molière. Un inspecteur du ministère de la Jeunesse et des Sports a vu le spectacle et nous a demandé de participer à un stage organisé à Avignon. J'y suis allée sans le dire à mes parents. Faire du théâtre en amateur avec des étudiants, ça passait. Mais aller traîner avec des gens de théâtre, en France, ça, ça ne pouvait pas passer. Cette année-là j'avais décidé de me détacher de ma famille, de prendre un peu de distance parce que je commençais à étouffer.

C'était les débuts du festival. Gérard Philipe jouait *Le Cid* et *Le Prince de Hombourg*, il était la beauté et la gentillesse incarnées, nous l'admirions et le vénérions. Nous étions logés à Lourmarin qui est un village magnifique. Le stage nous occupait toute la journée et le soir nous allions soit à Avignon soit à Aix-en-Provence, en stop ! Quelle liberté ! Je ne savais pas en profiter, je me sentais sans cesse coupable. Pourtant un soir, à Aix, j'ai assisté à une représentation de *L'Enlèvement au sérail* et j'en ai été bouleversée. Ça se passait dans la cour de l'archevêché, la nuit était chaude, pleine d'étoiles, et dans les silences de la musique on entendait les grillons, par milliers, qui sciaient l'obscurité environnante. C'était beau. Ça sentait la Méditerranée.

Il faut dire que c'est à Lourmarin que j'ai rencontré Jean-Pierre pour la première fois, il était l'assistant du directeur de stage. Il y a plus de vingt-cinq ans de ça... Nous avions vingt ans.

Au cours de ce stage nous avons monté un spectacle et décidé d'en préparer un autre que nous voulions jouer en tournée à notre retour en Algérie. Ça devait être un récital Prévert-Cosma avec des chansons et des poèmes.

Là, j'ai été prise dans une sorte de grosse vague qui m'a éloignée de ma famille à toute vitesse. Trop vite, je n'étais pas prête. Nous sommes allés à Paris dans une auberge de la jeunesse et nous avons demandé à Lili Cosma, la femme de Cosma, de venir nous voir et de nous conseiller. C'était une toute petite femme blonde qui avait été premier prix de piano du Conservatoire de Berlin. Elle est venue, elle nous a fait chanter la gamme, les uns après les autres : do, ré, mi... et elle a retenu trois d'entre nous, deux garçons et moi. Elle s'est prise d'un grand intérêt pour moi, à tel point que j'ai logé chez elle, à Paris, rue de l'Université. Cosma la trompait, il n'habitait pas là. Lili vivait ça dramatiquement. Elle s'est un peu servie de moi comme appât pour faire venir Cosma chez elle. Car Juliette Greco était devenue célèbre, elle chantait d'autres chansons que celles de Cosma. Ils cherchaient quelqu'un pour la remplacer. Lili pensait qu'en me faisant travailler elle arriverait peut-être à me faire chanter correctement. Alors toute la matinée je travaillais avec elle et dans l'après-midi Cosma passait pour m'entendre. Il était là, Lili était heureuse, et moi j'étais terrorisée : c'était un examen quotidien. Lili avait tout organisé. Elle m'avait fait passer une audition au théâtre du Quartier latin que dirigeait Michel de Ré. Elle m'avait fait rencontrer Rougeul qui s'occupait de la Rose Rouge. L'affaire était dans le sac : j'allais faire ma tournée en Algérie, puis je reviendrais à Paris pour chanter, la nuit.

J'étais attirée et épouvantée par cet univers qui était si loin de celui de ma famille. Ma famille était relativement cultivée, nous avions une loge à l'Opéra et des fauteuils au théâtre mais de là à passer de l'autre côté de la scène... Les comédiens, les baladins, étaient des gens pas sérieux chez lesquels il se passait des choses pas trop chrétiennes.

Je n'ai pas pu choisir. J'ai offert une résistance formidable aux entreprises de Lili. Je me cachais derrière ma mère disant qu'elle n'accepterait jamais que je fasse ça. Je me cachais derrière mes études prétextant qu'il me restait un certificat à présenter et que ce n'était pas mon caractère de ne pas aller jusqu'au bout des choses. C'est alors que Lili a décidé de venir à Alger pour convaincre ma famille, elle suivrait la tournée comme accompagnatrice... Ça a été épouvantable. Ma famille regardait cette petite dame blonde, juive allemande, comme une folle. A son âge faire une tournée avec des étudiants ! Elle n'était pas normale. Surtout que Lili avait emporté un Lexicon dans ses bagages et qu'elle s'obstinait à apprendre l'alphabet aux domestiques de la maison... Elle les poursuivait avec des A et des B et des Z, et Bahia, la femme de chambre, me faisait signe par-dessus les bouclettes blondes de ma vieille copine qu'elle était folle !

J'ai été incapable de me décider, incapable de rejeter les principes et les préjugés dont ma tête était pleine et dont j'étais persuadée qu'ils étaient bons puisqu'ils étaient ceux de mes parents.

Mais pendant le court laps de temps où j'ai chanté et dit des poèmes sur une scène, j'ai été très heureuse. J'éprouvais un plaisir profond à découvrir le public, à le séduire, à chercher le rythme de la soirée. Instinctivement je savais passer d'une chanson à un poème, lier les instants. Je sentais les moindres vibrations de la salle. Ce n'était jamais deux soirs pareil. Chaque fois il fallait s'adapter à un public différent qui, très rapidement, devenait une personne précise que je devais attirer, qui devait m'aimer, avec laquelle je voulais communiquer. Ça marchait très bien mais j'ai laissé tomber. Au trac qu'éprouvent normalement ceux qui se produisent sur une scène se mêlait une angoisse insupportable, celle de trahir ma mère...

Annie : Alors tu n'es pas devenue cette femme de cabaret que tu aurais pu être, qui aurait pu te rendre heureuse, tu es devenue écrivain.

Marie : Avant de devenir écrivain j'ai été la femme que je devais être, celle que mon éducation et mon instruction avaient préparée. J'ai été une mère, une épouse, une ménagère et ça pendant longtemps.

Annie : Y a-t-il quelque chose de commun entre le cabaret et l'écriture ?

Marie : Je te l'ai dit, j'opère sur moi une chirurgie terrible quand j'écris, au cabaret c'était pareil. Mais la distance n'est pas la même. Au cabaret le public est tout près, on le trouve ou on ne le trouve pas, en l'espace de quelques minutes. Avec un livre la distance entre le public et toi est immense. Ton numéro tu le fais toute seule pendant des années et ton public tu ne le rencontres, une fois le livre publié, que si tu as un peu de succès sinon tu ne sais même pas qui il est. Au cabaret, il y a toujours de l'écho. Avec un livre tu peux ne jamais avoir le moindre écho. Rien n'est fait pour que les écrivains rencontrent le public, rien. C'est très dur à supporter.

Aucun écrivain ne peut, honnêtement, nier l'importance du lecteur. Quand on apporte un manuscrit chez l'éditeur on sait ce que ça veut dire, ça veut dire : « Livrez-le au public. » Sinon on le garderait chez soi, dans un tiroir. Mais il y a des nuances dans la façon dont un écrivain pense à son public. Il y a celui qui pond des livres comme les poules pondent des œufs, bien calibrés, faits pour la consommation, régulièrement, son public est composé de clients, il est écrivain comme on est commerçant.

Il y a celui qui cherche et qui sait qu'il ne touchera pas un grand public, il n'est pas question de commerce pour lui, mais son petit public est attentif, exigeant, dangereux, fanatique et il pousse la recherche de celui qui écrit, de livre en livre ; il lui est indispensable.

Il y a enfin celui qui n'est ni commerçant ni spécialiste, comme moi. Celui-là cherche un public et, le plus souvent, il ne le rencontre jamais. Mais il arrive qu'il le trouve, c'est mon cas. La rencontre est passionnelle et angoissante car elle est précaire. Quand on n'est pas un écrivain-commerçant, qu'on ne sert pas des livres à la carte, on court sans cesse le risque de décevoir son public et de le perdre, le risque de retrouver l'univers sourd et muet de l'écrivain qui ne se vend pas, car il y a toujours le commerce entre celui qui écrit et celui qui lit, c'est insupportable.

L'angoisse ne vient pas seulement de la perte possible du public, c'est-à-dire de la communication avec l'extérieur, elle vient aussi, pour moi, de la crainte que j'ai de faire la putain c'est-à-dire de faire ce qu'il faut pour garder mes lecteurs et ainsi de devenir un écrivain-commerçant. Si ça arrivait je n'aurais plus aucun respect pour moi. Je vis donc constamment sur le fil d'une épée car j'ai autant besoin des autres que de moi.

Le problème consiste à m'enfoncer suffisamment profond en moi pour trouver un noyau simple que j'ai envie d'écrire, qui est à moi mais qui, en même temps, est commun à tout le monde.

Je crains l'hermétisme c'est-à-dire un chemin qui n'appartiendrait qu'à moi par lequel peu de lecteurs pourraient passer. Je crains ça non pas à cause de la solitude mais à cause de la prétention que ça implique. Je ne m'aime pas assez pour inviter qui que ce soit à venir me rencontrer moi, Marie Cardinal. Dans mes livres je pense que les lecteurs rencontrent une femme qui vit en France, aujourd'hui, et qui ressemble, dans le fond, à toutes les femmes. C'est ce que je suis.

Je connais la magie de l'hermétisme, je l'ai rencontrée au cours de ma psychanalyse et je comprends qu'on choisisse cette voie mais je ne l'ai pas choisie, j'ai choisi l'autre, celle de la masse, celle des gens. Je peux te dire pourquoi j'ai fait ce choix mais je veux d'abord te parler du discours secret, parfois très poétique, totalement satisfaisant, qui peut s'établir entre un analysé et son analysant.

Il y a souvent des gens qui me disent : « Mais puisqu'il ne s'agit que de parler toute seule, je ne comprends pas pourquoi il faut un médecin, on doit pouvoir s'en sortir sans lui. » C'était moi-même ce que je pensais avant, il me semblait que je savais tout de l'introspection.

J'ai commencé mon analyse sans y croire, elle n'était qu'une pause avant de retourner en psychiatrie. Au début les mots sont sortis comme d'habitude. Il m'a fallu quelques mois de séances pour me rendre compte que je parlais comme un perroquet, que j'étais plus vécue que vivante, que les mots que je prononçais ne m'appartenaient pas, qu'ils appartenaient à ma famille, à mon milieu, à mon instruction. C'est la présence muette et invisible du docteur qui m'a fait prendre conscience de ça. Car il est là, il ne se manifeste que par des raclements de gorge ou des changements de position sur son siège ; ça suffit. Jamais il ne juge, jamais il ne fait de commentaires, jamais il ne cherche à diriger mais on le sent attentif, très attentif. Du coup on fait soi-même attention à ce qu'on dit et on découvre qu'il y a des mots (dans la parole), qui viennent comme des cheveux sur la soupe et d'autres qui ne passent pas. Autrement dit la parole devient vivante, c'est le commencement. Après on prend l'habitude d'associer, d'établir des relations entre des moments, des souvenirs, des pensées qu'on n'aurait jamais pensé à relier. Ce sont les mots qui servent de véhicule, qui conduisent vers des mots-frères, des mots-identiques, des mots-synonymes, des mots-miroirs, des mots-ennemis. Ces mots, en fait, deviennent des mots clefs et, au fur et à mesure que l'analyse se déroule, ils permettent une communication rapide et profonde entre l'analyste et l'analysé. Et même si cette communication est vécue silencieusement par le docteur on sait pourtant qu'elle est complète. Elle se fait par un discours extrêmement intime et très hermétique.

Car les mots clefs sont autant de synthèses de longs et importants passages de l'analyse qui englobent eux-mêmes des morceaux capitaux de la propre vie de celui qui parle. Par exemple si je rencontre mon analyste et que je lui dis : « Le chien est dans l'univers du frigidaire », je suis certaine qu'il comprendra ce que je veux dire. Pour que quelqu'un d'autre le comprenne il faudrait que j'écrive des milliers de pages ou que je parle pendant des centaines d'heures.

J'aime cette vélocité de l'hermétisme, son ésotérisme, la chaleur qu'on y trouve quand on en connaît les clefs, ce compagnonnage. Pourtant je n'ai pas choisi cette voie pour m'exprimer. J'ai même choisi la voie inverse.

Pourquoi j'ai fait ce choix ?

C'est simple.

Dans mon enfance puis dans ma jeunesse j'ai reçu un maximum d'informations, de vocabulaire, toute la gamme des signes qui servent aux femmes occidentales protégées à se reconnaître, à profiter du monde, à se débrouiller. Tout ça m'a rendue folle comme tu sais, je l'ai avalé de travers.

Plus tard, l'Histoire et ma volonté ont fait que j'ai été définitivement coupée de l'univers de mon enfance : la France a perdu l'Algérie, ma mère est morte, ma grand-mère aussi et j'ai décidé de rompre tous les ponts qui me liaient à mon passé. Par-dessus le marché mon mari a été amené à vivre en dehors de France.

Alors je suis devenue une femme avec trois enfants à élever et pas un sou en poche. Ma maladie m'empêchait de pratiquer le métier rémunérateur que mes diplômes auraient pu me procurer. J'ai donc vécu et fait vivre mes enfants grâce à de petites besognes subalternes : des menus travaux de secrétariat, de correction, de documentation, de journalisme, que je pouvais faire en grande partie chez moi. Ça a duré dix-sept ans. Dix-sept ans dans la merde, dans la gêne. Je ne travaillais pas par fantaisie, par caprice ou pour me distraire, je travaillais pour survivre et faire manger mes enfants. J'ai connu des difficultés matérielles énormes. Je t'assure que je savais le prix du kw, du bifteck, des chandails, des chaussures pour les pieds des enfants qui n'arrêtent pas de grandir, et l'augmentation de loyer qui te tombe en même temps que la rougeole (les écrivains n'ont la Sécurité sociale que depuis le 1er janvier 1977...) et le gaz coupé, et les interminables queues dans les administrations pour obtenir les petits avantages qu'on ne donne aux Françaises moyennes qu'à la condition qu'elles remplissent des paperasses infinies et qu'elles viennent une fois, deux fois, cent fois, devant des guichets où, le plus souvent, elles sont reçues comme un chien dans un jeu de quilles.

Mais tout ça je ne le vivais pas comme le vit la Française moyenne. D'une part parce que j'avais choisi d'en être là et d'autre part parce que mon acquis me permettait des évasions que ne peut s'offrir la Française moyenne. La musique, la peinture, la lecture, le simple fait de me balader dans Paris, de rêver de lignes, de rythmes, de sons... Il y a les jours de musées gratuits et les réductions «famille nombreuse» pour entrer dans les expositions et les concerts, à l'œil ou presque. J'ai été heureuse certains jours, comme je ne l'avais jamais été à l'époque de mes fastes bourgeois. Jamais je n'avais regardé la peinture, écouté la musique comme je les regardais et les écoutais maintenant.

Ce qui rétrécissait habituellement la vie des femmes, qui vivaient dans les mêmes conditions que moi, accroissait au contraire ma capacité de rêver. Celles de mon quartier que je rencontrais à la sortie de l'école ou chez les commerçants, mes voisines, celles qui, peu à peu, m'apprenaient comment on se débrouille avec la médiocrité, comme ma mère m'avait appris à me débrouiller avec la fortune, ne pouvaient pas partager mes « plaisirs culturels ». Je possédais, de naissance, des trésors dont elles n'avaient même pas l'idée. Le lien uni et terne qui unissait leurs journées les unes aux autres c'était le ruban de la misère. Leurs rêves, elles allaient les puiser dans un film des Charlots ou dans une émission de Guy Lux. C'est tout ce qu'on leur donnait.

Ces femmes-là me touchent, j'aimerais qu'elles puissent lire mes livres et j'avoue que je pense à elles quand j'écris.

Annie : Est-ce que tu crois qu'il y a quelque chose de spécifique, d'important, qui se passe de leur côté ?

Marie : Oui, je le crois. Tu vois, j'accepte toutes les invitations qui me sont faites par des groupes de province, des bibliothèques, des comités d'entreprise. Cette année je suis allée une ou deux fois par semaine en dehors de Paris, dans toute la France. Il y a une prise de conscience de la féminitude qui est en train de revigorer notre société. Il se passe beaucoup plus de choses qu'on croit, mais en profondeur, en secret, d'une façon qu'il est difficile d'exprimer pour le moment.

Annie : Tu penses que c'est quelque chose qui a atteint toutes les femmes ?

Marie : Non, pas encore. Mais ça commence à venir. Dernièrement je suis allée à Beauvais dans un foyer de jeunes travailleuses et à Istres, invitée par un groupe de femmes qui ont entre trente-cinq et cinquante ans, toutes des mères de familles ouvrières qui, lorsqu'elles ont déjà travaillé, ont été femmes de ménage, et qui essaient de devenir « aides familiales ». Ces rencontres m'ont passionnée parce que j'ai senti que ces femmes étaient conscientes des vrais problèmes mais elles ne savent pas exprimer ce qu'elles ont compris, elles n'ont pas de vocabulaire, pas de connaissances, ça les rend impuissantes mais elles commencent à s'en rendre compte.

Annie : Pourquoi est-ce que tu vas vers ces femmes ? Tu n'y vas pas pour gagner de l'argent ou pour te faire mousser, alors pourquoi ?

Marie : A chaque fois j'ai l'impression de rencontrer de vraies personnes. Je sais, pour avoir vécu longtemps avec elles, le contact qu'elles ont avec la matière, avec le corps de leurs enfants, avec les saisons, avec la durée, c'est un contact vrai. Tu ne peux pas laver bien du linge souillé, vider bien un poulet, récurer bien des chiottes, soigner bien un enfant, acheter pas cher et bon, si tu ne t'intègres pas entièrement dans ces actions. Ces femmes savent tout de la vie, de la mort, de la liberté, de l'amour, mais elles ne savent pas l'exprimer. D'une part elles n'ont pas l'habitude de le faire, ce n'est pas leur rôle, c'est le rôle des hommes, d'autre part elles n'ont pas les mots pour le faire.

Au cours de ces rencontres je retrouve l'univers essentiel des femmes duquel, de nouveau, je me suis éloignée depuis que mes livrent « marchent ». Moi je leur donne mes connaissances et je leur montre que nous pouvons nous octroyer le droit de parler de tout et pas seulement des sujets qui, jusqu'à maintenant, étaient réservés aux femmes.

Annie : C'est l'échange.

Marie : Oui, pour moi c'est l'échange qui est important. Je suis très marquée par les dix-sept années où j'ai trimé comme une dingue pour survivre et je me sens plus proche des femmes avec lesquelles j'ai partagé ces années que des autres. C'est pour elles que j'ai envie d'écrire quand je pense que quelqu'un me lira.

Vient un moment où le manuscrit est fini, où la masse des feuilles que, pendant des années, j'ai écrites, corrigées, reprises, les unes après les autres, forme une totalité. Il a suffi de la dernière ligne pour que la pile de feuillets dactylographiés que je connais parfaitement, dont les premières pages sont déjà jaunies et écornées à force d'avoir été lues et relues, tripotées, à force d'avoir été, plus que les autres, exposées à la lumière des jours, forme un manuscrit, ce qui sera peut-être un livre.

Depuis quelque temps j'arrive au bout. Les mots, les virgules, les accents, les espaces blancs, se sont collés les uns aux autres comme des berlingots dans un bocal humide et commencent à former un bloc indépendant de moi, extérieur à moi, qui a une existence différente de la mienne bien que j'aie participé à chacun de ses signes. Ça ressemble beaucoup à un enfant.

Il y a quelque chose de poignant, de palpitant, de grave dans la délivrance d'un livre comme dans la délivrance d'un enfant. Une intimité, une promiscuité qui va cesser. Crainte de ce que sera l'après, désir pourtant de ne plus vivre l'avant ni le présent. Curiosité. Sensation que quelque chose d'inéluctable commence à se produire, que la cellule se divise. La vie se partage en deux. Comment allons-nous vivre séparément nous qui ne faisons encore qu'un ? Fausse unité faite de nos deux indépendances, la sienne et la mienne. Futur boursouflé de ma vie et des yeux des lecteurs. Eclatement de nos solitudes inséparables.

Toi comme un plateau qui s'élève par strates plus ou moins blanches selon que le papier a été acheté ici ou là, avec tes w foireux parce que cette lettre vient rarement sous mes doigts, qu'elle est paresseuse et se laisse rattraper par la lettre suivante, avec tes corrections de toutes les couleurs, de toutes les épaisseurs, du gros noir, du petit vert, du rouge péremptoire, du bleu aveugle et même du crayon qui s'efface. Et moi comme une chèvre attachée à ton piquet, comme une chienne à ta niche, incapable de m'éloigner de toi, même si je m'en vais trois jours en te laissant seul sur la table, dans ta chemise grise, même si vingt personnes festoient dans la maison, même si je fais l'amour dans le lit à côté. Toi comme un voyeur, comme un jaloux, comme un mari exigeant. Toi dans mes rêves, dans mon assiette, dans mon bain, dans mes baisers, dans mes rues.

Toi, comme une femme abandonnée, enceinte de mon désir oublié, impuissante, incapable de vivre, paralysée par la détresse, parce que je ne sais pas te faire, parce que tu pèses trop, parce que je ne crois plus en toi. Moi, clochard du doute, traînant dans les nuits des autres, buvant leurs livres à grandes gorgées, leur talent par goulées étouffantes. Te reniant, me reniant. Te trompant comme un lâche.

Mais les retrouvailles.

Mais le bonheur fou.

Mais la parfaite harmonie.

Mais la force.

Tout ça pour nous séparer obligatoirement, nécessairement, parce que la gestation est à son terme, que nous nous tuerions à rester encore ensemble.

J'ai vécu dans la passion démente les six derniers mois de gestation des *Mots pour le dire*. Nous n'étions qu'une seule chair le manuscrit alors sans nom et moi. Nous nous endormions épuisés de nos corps à corps. Le matin je me réveillais la tête sur ses pages, mon bras gauche l'enlaçant, le protégeant, le crayon dans la main droite. Juste le temps qu'il fallait à ma conscience pour monter à la surface de mes yeux à peine ouverts. Quelques secondes. Je le voyais. Et mon cœur reprenait le rythme de notre amour. Mon corps n'avait pas le temps de revenir à la vie, mon bras était encore courbé autour de lui, ma tête encore reposant sur lui, que déjà mon regard cherchait ses mots, ses lignes, son dernier paragraphe.

Et ça repartait pour dix heures, douze heures, dix-huit heures. Toute la journée seul à seul dans la passion. Comme s'il était mon amant ou que j'étais le sien, mon enfant ou que j'étais la sienne. Emmêlés, embrouillés. Rétifs parfois, dressés l'un contre l'autre. Moi, infidèle, voulant le mêler à une autre vie que la sienne. Lui, comme une muraille devant moi, refusant un mot de plus.

Il n'y avait que Bonnie, ma chienne, pour m'arracher à cette liaison. J'entendais le petit cliquetis que faisaient ses griffes sur le parquet de la maison vide. Elle venait jusqu'à moi pour voir où j'en étais. Son instinct l'avertissait que je n'étais pas disponible. Alors elle repartait vers son coin où elle se recouchait avec un gros soupir. A la fin son manège m'exaspérait. Je n'aimais pas cette distraction et ce qu'elle impliquait : il faut que je sorte pour faire pisser Bonnie !

Dehors j'en profitais pour effectuer quelques courses, l'essentiel, dans le magasin le plus dépeuplé. Puis je m'asseyais sur le banc le plus isolé de l'avenue et je regardais faire ma chienne. Le temps qu'elle mettait à renifler l'herbe rare ! Quelles précautions elle prenait pour choisir l'endroit où elle ferait ses besoins ! Que d'histoires ! Ça m'agaçait d'autant plus que, irrésistiblement, ça me faisait penser à moi et à mon écriture. Des heures à tourner autour de quelques mots ! C'était pourtant si facile à dire ce que j'avais à dire. A dire. Mais pas à écrire. Comment imprimer à mon manuscrit bien-aimé les mimiques éloquentes du corps et du visage qui accompagnent la parole, les silences, le ton et la musique de la voix, le regard chargé de mots inexprimés mais cependant compréhensibles, les mains, comme des plateaux de fruits, pleines de phrases muettes, enfin tout ce qui charge les mots du sens exact qu'on veut leur donner.

Annie : Tu es une conteuse.

Marie : Oui, c'est lié à mon enfance, c'est méditerranéen. Tu sais que les Arabes sont des conteurs formidables et aussi des auditeurs formidables. Ils se réunissent sur les places des villes et des villages pour raconter et écouter des histoires. Ils s'asseyent en rond, par groupes, en laissant un espace vide au milieu, comme si c'était de là, de ce trou, que le rêve devait partir, et ils racontent, à tour de rôle. Ceux qui ont envie de raconter.

Quand j'étais petite il y avait une femme comme ça à la ferme. Elle nous racontait des histoires, moitié arabe, moitié français. Je ne les oublierai jamais. Des histoires de chevaux ailés, de serpents qui vont dans les tombes, d'hommes qu'Allah saisissait par les cheveux... Je n'oublierai jamais ces mots, mais aussi ses gestes, ses yeux, les odeurs qui venaient de son canoun, le grumeleux de la terre battue sous mes fesses et le mystère des coins obscurs de son gourbi seulement éclairé par le jour que laissait passer la porte basse.

J'aime ça, parler, séduire les gens, les enchanter, les convaincre, rester avec eux. La chaleur des mots dans ces cas-là ! Leur poids ! leur jus, leurs secrets ! Les échanger contre l'attention !

Annie : Est-ce qu'il n'y a pas aussi en toi un désir d'apporter, de donner quelque chose ? Tu disais l'autre jour que tu as aimé enseigner.

Marie : Oui, mais c'était l'échange qui était important pour moi dans l'enseignement.

Je n'ai jamais pu passer l'agrégation parce que j'ai eu trois enfants en quatre ans et qu'ils sont venus au monde, à chaque fois, à l'époque du concours. C'est pas possible de faire les deux en même temps. J'ai donc une licence de philo mais je n'ai jamais enseigné que les lettres car le poste de philo est tenu par un agrégé.

Mon premier poste était en Grèce, à Salonique, et mon premier cours portait sur les pronoms relatifs ! A cette époque je me suis donné un mal de chien pour apprendre la grammaire. Quand j'étais jeune ça ne m'intéressait pas la grammaire, j'ânonnais ça, j'apprenais ça par cœur, juste ce qu'il fallait pour passer de classe en classe et pour mettre le bachot et propédeutique dans ma poche. Ce qui m'intéressait c'était les mathématiques. Et puis j'ai fait de la philo pour plaire à ma famille...

Le français je l'ai donc appris pour l'enseigner et surtout en l'enseignant. Il m'est arrivé d'écrire des âneries au tableau, des règles fausses. Ça produisait un flottement dans la classe et ça ne collait pas avec les exercices du livre. Il fallait bien que je dise : « Ecoutez, je me suis trompée, on va tout recommencer. » Comme j'avais de bons rapports avec mes élèves, ça se passait bien. Je me rendais compte que je savais vraiment quelque chose quand mes élèves comprenaient. Et, finalement, on apprenait ensemble. Je suis persuadée que quand on aime échanger on peut apprendre ou enseigner n'importe quoi. Je crois que je serais capable d'être prof de chinois !

Annie : Ça serait peut-être ça un bon enseignement : communiquer les choses au moment de leur apprentissage, comment elles se sont apprises.

Marie : Quand je vais rencontrer les femmes qui me demandent de venir vers elles, je n'y vais pas du tout avec l'idée que je vais leur apprendre quelque chose, mais avec l'idée que nous allons échanger quelque chose : nos vies, nos réflexions, nos expériences.

Annie : Qu'est-ce qu'il y a d'important dans l'échange, pourquoi c'est intéressant ?

Marie : Ça enrichit, il y a une chaleur qui passe, il y a de l'amour.

Annie : On s'est reconnu.

Marie : Oui.

Bribes. Lambeaux.

Dans ce livre que j'ai entrepris de faire, où Annie a accepté le rôle humble de faire-valoir, mais aussi le rôle important de locomotive ou d'accoucheuse, il se passe quelque chose qui ne se passe pas d'habitude quand j'écris.

Nos conversations ont été enregistrées par un magnétophone puis elles ont été transcrites sur du papier par une secrétaire. Cent quatre-vingt-deux pages de paroles échangées librement, en vrac. Et aussi les blancs de ce qui n'a pas été enregistré parce que j'ai appuyé sur un mauvais bouton.

D'habitude je ne suis tenue par rien quand j'écris. Là je suis tenue par ces cent quatre-vingt-deux pages avec ce qu'elles contiennent et ce qu'elles ne contiennent pas. Sans cesse se mêlent nos paroles pétrifiées et celles qui ne le sont pas, ce qui deviendra de l'écrit ou du parlé ou du silence. Absurdement nos paroles vivantes ont été paralysées par les machines, fixées dans l'espace et le temps, alors que ce qui bat comme du sang, ce qui est le plus vivant c'est ce qui n'existe pas.

Ainsi ce passage non enregistré où je raconte l'histoire de la remise de mon dernier manuscrit. Histoire que j'essaie d'écrire depuis quelques pages, en vain, parce que l'écriture est libre, qu'elle me transporte loin des cent quatre-vingt-deux pages. Histoire qui s'insérait en parenthèse dans le passage général (et enregistré, lui) où nous parlions des femmes qui me touchaient, du lecteur que j'avais envie de rejoindre.... Histoire d'amour.

Le vague et le réglé.

J'en étais où ?

74

Ça commençait par « Vient un moment où le manuscrit est fini... »

Oui, mon manuscrit bien-aimé a été terminé. Je lui ai même trouvé un nom. Et, un jour, en fin d'après-midi, je l'ai porté chez mon éditeur, dans une belle chemise à sangle avec un fermoir métallique. Je l'ai laissé sur un bureau directorial, entre des mains étrangères. Bon débarras !

Puis je suis rentrée chez moi et j'ai dormi douze heures.

Le matin suivant, à la seconde même de mon réveil, je me suis rendu compte que le manuscrit n'était plus là, ouvert à la dernière page. Plus le crayon en main. Plus le contact du papier contre ma joue.

Il est fini, il est chez l'éditeur, il marche tout seul.

Satisfaction d'abord, comme lorsque je passais un examen difficile et que j'étais reçue (je savais que l'éditeur l'acceptait). Contentement du travail accompli jusqu'au bout. Le long tricot, rang par rang, est devenu un vrai chandail qui tient chaud. Les durs labours, sillon par sillon, ont donné un champ où le blé pousse en fléchettes vertes.

Vide ensuite. Comme le silence d'une gare de campagne après l'agitation, le vacarme des heures de voyage. Stabilité. Résonance insolite de bruits minuscules : des oiseaux qui pépient, une abeille qui bourdonne, le coup de sifflet du chef de gare. L'arrêt. La station. N'y aura-t-il plus de mouvement ? Est-ce que je saurai vivre dans ce calme ? Vertige. Tomber dans ce repos est-ce mourir ? Voyagerai-je encore ?

Vacances enfin. J'ai bien travaillé, maintenant je vais m'amuser. Je vais me distraire. Je vais faire des choses que j'aime.

Quoi par exemple ?

Par exemple une bonne bouffe. J'adore faire la cuisine quand j'en ai le temps. Quelque chose dont la famille raffole. Par exemple un gigot avec de la purée. Un gigot que je vais aller acheter chez mon boucher arabe qui vend du mouton qui sent le mouton, pas du mouton douceâtre et blanchâtre que mangent les Français. Du mouton bien corsé et plein d'ail. De la purée pas trop ferme et pas trop liquide, battue longtemps à la fourchette. Les enfants appellent ça de la purée «mou-mousse» parce que, dans ma famille, on m'appelle Moussia. Et pour commencer ? Des œufs durs mayonnaise. Vite fait bien fait. Tout le monde aime ça. Et pour finir ? J'irai acheter une tarte chez la boulangère qui les fait mieux que moi. Je ne vais pas me casser la tête. Tant pis si c'est plus cher, pour une fois.

Quelque chose a soudain traversé ma tête. Quelque chose de si fort que je me suis assise dans mon lit et que je suis restée, le dos raide, mes jambes repliées contre ma poitrine, foudroyée : pour qui ce repas pantagruélique ? Pour qui ? Pour mes enfants ? Mais mes enfants sont partis. Voyons, que je suis bête ! Est-ce que j'aurais pu travailler aussi bien s'ils avaient été là ? Mes enfants sont grands, ils ne sont plus à la maison.

Je n'ai pas voulu voir le danger tout de suite et j'ai pensé à m'occuper, plus qu'à me distraire. Mettre quelque chose à la place du manuscrit. Faire un travail.

Et si je rangeais le placard de l'entrée ! Depuis six mois je puisais le linge là-dedans où j'empilais les paquets du blanchisseur que je crevais, au fur et à mesure de mes besoins, pour en extraire des draps, des serviettes de toilette ou des torchons. Au bout de six mois cela formait un magma de chiffons, de papiers, mêlés aux coulées de plastique transparent des emballages lacérés. Cela ne ressemblait pas aux armoires à linge de ma jeunesse, ces greniers à broderies, ces réservoirs à fil et à linon empilé, ces coffres-forts qui embaumaient la lavande quand on les ouvrait, pleins de colonnes de draps, blanches et régulières.

Oui, c'est ça, j'allais ranger le placard de l'entrée. Tout sortir, tout nettoyer, mettre du papier sur les étagères, répartir les draps avec les draps, les taies avec les taies...

Quelle heure est-il ?

Six heures et demie.

Depuis quinze ans que j'écris j'ai pris l'habitude de me lever très tôt, afin de m'accorder le plus de temps possible avant le réveil des enfants qui doivent se lever vers sept heures. Quinze ans que je vois les nuits des matins d'hiver, les aubes de l'été. Maintenant mes enfants ne vont plus à l'école, ils ne sont même plus là mais c'est plus fort que moi, j'ai gardé l'habitude de commencer ma journée avec le jour.

Six heures et demie. Il est inutile que je me lève à six heures et demie pour ranger le placard de l'entrée. J'ai toute la matinée devant moi. Je pourrais me rendormir, lire, n'importe quoi.

A sept heures moins le quart je suis debout dans le salon et je passe l'aspirateur avec application. Les poils de Bonnie sont une malédiction ! Il faut passer et repasser dessus pour les enlever. Je dois, d'un mouvement du poignet, incliner la brosse de l'appareil afin de réduire l'ouverture par laquelle l'air est aspiré, cela crée une rupture, une sorte de cassure qui, souvent, saisit le poil et l'entraîne. C'est pas difficile mais ça prend du temps et il faut le faire. Sinon les poils de Bonnie se réunissent en petites boules incroyablement dures qui, sous la pression des semelles, finissent par user le tapis. C'est fantastique comme les matières s'attaquent les unes les autres, comme les murs de béton, eux-mêmes se détériorent rapidement quand on ne les entretient pas ! Ils ne comprennent pas ça les enfants. On a beau le dire ça ne sert à rien. Je le répète assez que le désordre et la saleté sont des luxes que nous ne pouvons pas nous payer !

Qu'est-ce que j'en ai à faire de toutes ces conneries ! Qu'est-ce que j'en ai à foutre des poils de Bonnie ce matin ! Qui marchera dessus à sept heures, à huit heures ! Quand est-ce que quelqu'un marchera dessus ?

J'ai arrêté l'aspirateur, je me suis redressée, j'avais en main ce long tuyau inutile. Inutile.

Dix minutes plus tard j'étais dans la rue. J'avais fui la maison. Inutile. Vide. Personne.

Qui est vide ? Qui est inutile ? Qui est personne ? La maison est vide, inutile, personne ? Et alors ! C'est pour ça que je pleure ?

Des larmes grandes, épaisses, profondes, qui viennent de je ne sais où. Des larmes très mouillées pour arroser les trottoirs matinaux de mon quartier. Comme c'est bête. A quoi ça sert ?

C'est moi qui suis vide, inutile, personne. Je pleure sur les cavalcades du matin, sur les petits déjeuners pas terminés, sur Bénédicte qui partait la dernière, toujours en retard, avec sa jolie jupe écossaise achetée aux Galeries Lafayette et que j'ai rallongée tant que j'ai pu. Je pleure sur Alice avec son beau visage grave parce qu'elle ne savait jamais ses leçons et qu'au dernier moment l'angoisse la prenait, elle serait bien restée. « Tu vois ce que c'est que de traîner... » Je pleure sur Benoît qui avait toujours trop chaud et qui partait en bras de chemise dans l'herbe gelée de février, les manches de son anorak traînant par terre, son cartable décousu d'où s'échappaient les règles, les gommes, tout son matériel : « C'est la dernière fois que je le recouds et tu n'en auras pas d'autre mon vieux... »

Je pleure sur un temps surchargé, sur les minutes trop courtes. Vite, les chaussettes à tremper, je les laverai ce soir. Vite le lino de la cuisine. Vite mon lit. Vite les courses du matin, le pain, le lait, qu'ils aient quelque chose pour déjeuner. Vite, je vais être en retard, encore. Merde.

Vite. Vite. Vite. Ce soir... Tout à l'heure... Demain... Dimanche... Les marchés, les vaisselles, les lessives, les épluchages de pommes de terre, les raccommodages, les silences d'Alice, les pleurnicheries de Bénédicte, les bagarres de Benoît. Vite. Vite. Vite. Le passage en sixième. Le passage en seconde. Les réunions de parents d'élèves. Les vêtements, le fer à repasser. Les nettoyages à fond, murs et plafond, une fois par an. C'est quand même mieux que quand ils étaient petits, les couches, les biberons...

Le temps a passé vite ! Vingt-deux ans ! A ce rythme, ça passe vite.

Je pleure sur mes bras vides et inutiles, sur mes mains vides et inutiles, sur mon corps vide et inutile. Sur ma demi-ficelle alors qu'il me fallait deux pains. Sur ma tranche de jambon alors que les paniers qui tiraient mes bras pesaient bien huit à dix kilos chacun. Sur ma culotte et mon soutien-gorge à laver alors que, des lavages, il y en avait plein la baignoire. Et la force dans les reins qu'il fallait pour soulever, après, tout ce linge mouillé.

Je pleurais. Je sanglotais même. La boulangère était apparue sur le pas de sa porte, prête au bavardage. J'aimais bien, le matin, échanger quelques mots avec elle, jeunette, proprette, dodue de partout, rose, ses boucles oxygénées figées par la laque en un échafaudage immuable au-dessus de son regard dégourdi, rieur et raisonnable. Son mari, quand il nous entendait parler, venait souvent se camper dans l'encadrement d'une porte. Il était torse nu, en caleçon, savates aux pieds, vigoureux, jeune comme elle, la puissance de son torse et de ses bras poilus encore cendrée de farine. Il ne bavardait jamais, lui, ce n'était pas son rôle.

La boulangère avait vu mon visage, et gênée, elle était rentrée dans le magasin.

Comment lui dire ce qui me bouleversait ? Elle n'aurait pas compris. Ce n'était pas ma solitude, mon inutilité qui me faisaient pleurer. Mon manuscrit m'avait tant absorbée que je n'avais même pas été consciente du départ de mes enfants. C'est même grâce à leur absence que j'avais pu écrire comme je n'avais jamais écrit avant. Un manuscrit, j'allais en commencer un autre, tout à l'heure, je serai vite consolée.

Je pleurais sur les femmes. Oui, sur la vie des femmes. Jamais je n'avais vu aussi clairement l'absurdité de leur existence annulée par les usages. Ce n'étaient pas seulement leurs labeurs, leurs fatigues, leurs abnégations qui étaient un jour abolis, c'était l'essentiel qui était anéanti : la sagesse que donne aux femmes leur contact constant avec la matière, la connaissance que leur procure l'utilisation quotidienne de la substance, l'intuition de la vie et de la mort que leur assure la relation obstinée avec le corps, le leur, celui de leur mari, celui de leurs enfants, tout cela nié !

Elles vivent dans la soumission, dans la résignation. Développant pour se défendre du néant, inconsciemment, une possessivité détestable, s'agrippant comme des méchantes à ceux qu'elles ont servis toute leur vie, pour que leur vie ait un sens. Un sens. Comment oseraient-elles parler de ce qu'elles savent ? Les mots pour le dire, les mots véritables, les mots du commencement, ceux de la naissance, sont tous honteux, laids, sales, tabous. Car leur intelligence profonde vient du sang, de la merde, du lait, de la morve, de la terre, de la sueur, de la chair, des jus, de la fièvre. Elles ne savent pas exprimer ce qui va de tout cela au bonheur, à la liberté, à la justice, dont elles ont pourtant un savoir essentiel. Elles ne savent pas traduire en mots ce que leur corps sait : la lenteur des gestations, la viscosité féconde, l'épaisseur nourrissante, le danger des fermentations, la nécessité des mutations, le poids du temps, l'espace incontrôlable, la précarité des limites... L'archaïsme de nos vies de femmes.

C'est pour elles que j'ai envie d'écrire, j'ai envie de leur passer des mots qui seront des armes.

Annie : Quand l'écriture est pointée comme écriture de femme : « ça, c'est un livre de femme », est-ce que ce n'est pas toujours une façon pour les hommes de ne pas se sentir concernés par ce que nous leur racontons ? Or, nous sommes persuadées que ce que nous leur racontons ça les concerne aussi, que ça s'adresse à eux, que ça devrait les rencontrer. Il ne devrait pas s'agir de livres de femmes mais du livre d'une femme.

Marie : Je ne crois pas qu'il y ait une écriture féminine ou une écriture masculine. Mais je crois qu'il y a une lecture différente selon que les mots ont été écrits par un homme ou par une femme. Le sachant, ou le sentant, les femmes, consciemment ou inconsciemment, si elles veulent être comprises (par les hommes et aussi par les femmes qui ont pris les habitudes des hommes), ont tendance à masquer, maquiller, apprêter leur écriture. Pour s'approprier les grands concepts, les grandes idées, les « gros mots », les femmes, souvent, les ornent d'adjectifs, de commentaires, d'explications, comme pour s'excuser, comme pour réduire ces grandeurs (habituellement manipulées par les hommes) à leur taille de femmes. Elles emploient d'ailleurs le même processus explicatif quand elles veulent, au contraire, donner de la valeur aux « petits mots » de leur univers. Cela donne parfois des écritures ornées, imagées, brillantes, à colifichets, à dentelles, à bijoux, à déguisements, qui sont immédiatement stigmatisées par les directeurs de lecture, frappées de « ravissantes », « charmantes », « intelligentes », « sensuelles », ou même « savantes », mais qui n'ont pas la force brutale et simple des belles écritures d'hommes...

Quand tu refuses de t'excuser, d'employer aucun subterfuge et que tu te sers des mots comme ils sont, de tous les mots, alors la critique prévient le public que tu n'y vas pas avec le dos de la cuillère, que tu ne te mouches pas du coude, que tu es agressive, exhibitionniste. On parle de performance, de phénomène, on ne parle plus d'écriture.

Quand Gisèle Halimi a su comment Jamila Boupacha avait été traité par les paras en Algérie, elle a décidé de le dire publiquement. Alors, avec Simone de Beauvoir, elles ont rédigé un compte rendu dans lequel il était dit, entre autres choses, comment Jamila Boupacha, vierge, avait été violée par des militaires qui lui avaient enfoncé une bouteille dans le vagin. Le compte rendu est envoyé au *Monde*. La réponse du journal vient rapidement : « Nous publions votre papier intégralement. Toutefois il faut que vous changiez le mot vagin, c'est pas beau et ça ne va pas avec le style du journal, trouvez une autre formule. » Simone de Beauvoir et Gisèle, subjuguées et bien obligées, ont corrigé. Le compte rendu est sorti et les clients du *Monde* ont pu lire, un bel après-midi, que Jamila Boupacha avait été violée par des soldats qui lui avaient enfoncé une bouteille dans le « ventre ». Quand Gisèle raconte cette histoire elle enrage encore.

A l'heure actuelle, pour nous qui écrivons, il y a un problème énorme : nos discours, qu'ils soient écrits ou parlés, ne sont jamais reçus comme nous le voudrions, comme ils sont.

Annie : C'est pour ça que tu t'attristais que *Les Mots pour le dire* ait été reçu comme un livre sur la psychanalyse. Alors que ce n'est pas un livre sur la psychanalyse mais le livre d'une aventure qui se fait à travers la psychanalyse, une aventure qui se fait à travers les mots.

Marie : Oui, c'est ça.

Annie : C'est la lecture qui est tout à fait déplacée. Elle est convertie aux biais d'intérêts qui sont, à la limite, théoriques. Alors que c'est bien autre chose qui est en jeu. Ce qui est grave c'est le leurre même des gens qui lisent. Ils ne savent même plus par où ils sont accrochés. Ils croient qu'ils sont accrochés par une réflexion sur la psychanalyse alors qu'ils sont accrochés par l'intimité d'une aventure qui les empoigne.

Marie : C'est que les lecteurs, qu'ils en soient ou non conscients, sont conditionnés par des directeurs de lecture et des média qui sont souvent terriblement sectaires, péremptoires, intéressés et rétrogrades.

La lecture de ce roman est faussée pour deux raisons : d'une part il est facile à lire et d'autre part il est écrit par une femme. En principe, d'après les normes françaises, ces deux éléments ne peuvent aller avec la gravité du sujet qui est traité : la vie d'un être humain, la vraie vie. Il est clair que des problèmes graves y sont abordés, qu'il y est question de la vie, de la mort, du rêve, du bonheur, de la politique. Tout ça dans un roman de femme qui se lit facilement ? Non. Ce n'est donc ni un roman ni un essai, c'est un document sur la psychanalyse. Ce n'est pas de la littérature, c'est un témoignage.

Quand le livre a commencé à se vendre il a été classé dans la liste des best-sellers de *L'Express* à la section « romans ». Puis quand il est réellement devenu un best-seller il est passé, dans le même journal, à la section « essais et documents », où il est resté à la deuxième place pendant plus de vingt semaines. Pourquoi cette translation ? J'aimerais bien le savoir.

On a dit alors : ce n'est pas un roman, c'est une autobiographie. Comme si tous les romans n'étaient pas autobiographiques ! Comme si le fait de se cacher derrière la troisième personne pour écrire, ou de changer de sexe, ou de s'évader dans le rêve et le fantasme, n'est pas aussi révélateur, aussi près de la confession, de l'intimité, aussi autobiographique finalement que d'écrire une histoire à la première personne. Je ne sais plus et je ne veux plus écrire autrement qu'à la première personne. J'ai besoin d'être la femme de chacun de mes livres. J'ai été les six femmes de mes six livres (dont certains sont écrits à la troisième personne), et comme j'espère écrire au moins vingt livres, on pourra dire que j'ai écrit vingt autobiographies...

Le livre de Tournier, *Les Météores* est sorti à peu près à la même époque que mon dernier livre. C'est une ode magnifique à l'homosexualité, aux excréments, au trou du cul. La critique l'a reçu comme le beau livre qu'il est en réalité. On a parlé de littérature à son propos, on ne s'est pas étendu sur la manière dont Tournier se roulait dans la merde, dans l'ordure ; il peut se permettre de le faire parce qu'il est un homme quand même, tout homosexuel qu'il soit. Il a une queue c'est l'essentiel.

Je ne dis pas que mon livre ait un intérêt littéraire égal, supérieur ou inférieur à celui de Tournier, je m'en fiche complètement, je ne compare pas. Je dis seulement que mon livre a un intérêt littéraire mais qu'il n'en a jamais été question. Je crois que c'est parce qu'il abordait des sujets tabous pour les femmes, dont la merde, justement, et c'est pour ça que je parle du livre de Tournier.

Que d'histoires pour quelques pages, même pas une vingtaine ! Un critique parisien qui avait lu le manuscrit chez Grasset m'a dit, à propos du passage où la mère, ivre morte, fait sous elle et où j'employais des mots comme « chier » ou « crotte », je ne sais plus :

« Vous ne devez pas employer ces mots, c'est insupportable.

— Mais quels mots voulez-vous que j'emploie, j'ai pris ceux de notre langage.

— Vous pourriez mettre « sanies » par exemple. »

Non ! Pas « sanies » ! Je refuse ces fioritures hypocrites ! Les femmes savent mieux que les hommes ce que c'est que la merde, ne serait-ce que parce qu'elle est le baromètre de la santé de leurs enfants. Elles savent tout de ses textures, de ses couleurs, de ses odeurs. Pourquoi lorsque les hommes en parlent ça fait courageux et fort et pourquoi c'est honteux que les femmes en parlent ? Pourquoi ? Les excréments sont les excréments et si j'ai besoin de les écrire j'emploie les mots qui les traduisent dans ma langue qui est le français. Un point c'est tout.

Annie : Il s'est passé quelque chose de semblable pour *Parole de femme*. On en a souvent débattu comme s'il s'agissait d'un ouvrage théorique, on l'a pris dans sa seule dimension théorique. Je veux bien, mais c'est quand même autre chose qui est en jeu dans ce livre : j'ai voulu écrire. On le prend pour un panier d'idées mais pas comme un livre d'écrivain, pas comme une écriture.

Marie: C'est agaçant. D'autant plus agaçant qu'on a l'air de revendiquer une dimension « littéraire » alors que, personnellement, je n'aime pas le mot « littéraire » tel qu'il est entendu aujourd'hui en France. Je n'aime pas que les livres aient un genre défini, j'aime qu'ils soient à la fois roman, poésie, essai, recherche, histoire, philosophie. Ce que je veux c'est qu'on reconnaisse que j'écris même si je n'écris pas des livres classiques de femmes, « des romans de femmes ». Je ne veux pas qu'on dise que je témoigne. On n'a pas besoin d'être écrivain pour témoigner. Or je suis un écrivain.

Dire que je suis un écrivain, c'est quelque chose ! C'est à la fois prétentieux parce que l'écrivain est vu par le public comme un personnage mythique (et Dieu sait que je ne suis pas mythique, que je suis faite de chair et d'os !) et c'est une trahison parce que, un écrivain, c'est masculin (et Dieu sait que j'ai des fesses et des nichons et un sexe de femme !). Mais je refuse d'employer un autre mot qu'écrivain parce que c'est le seul qui serve, pour le moment, à désigner une personne dont l'occupation la plus importante est l'écriture. Je l'emploie donc et je considère cet emploi comme un combat. « Ecrivain » comme « Littéraire » sont des mots à ouvrir, à élargir, à vivifier. Je crois qu'il faut que la critique et les lecteurs prennent l'habitude de nous laisser utiliser les mots tels qu'ils sont, sans leur ajouter ou leur retrancher une « touche » féminine (et encore moins féministe) quand c'est nous, les femmes, qui nous en servons. Si nous gagnons ce combat nous pourrons ensuite inventer des mots pour boucher les espaces laissés vides dans notre langue par d'immenses domaines inexprimés et essentiels qui sont tous, comme par hasard, des domaines féminins. Des domaines qui appartiennent d'ailleurs à l'humanité et le fait de les occuper doit enrichir tout le monde, les hommes comme les femmes.

A l'heure actuelle tous les mots ont deux sens, deux sexes, selon qu'ils sont employés par un homme ou par une femme. Tous les mots, sauf les mots techniques mais, si tu veux, on parlera de ceux-là après.

Prenons un mot comme « table ». Quand une femme écrit « table », tout simplement, dans une phrase banale, par exemple : « dans la pièce il y avait une table... » on lit cette table comme si elle était servie, nettoyée, utile, cirée, fleurie ou poussiéreuse. Quand un homme écrit : « dans la pièce il y avait une table... » on lit cette table comme si elle était faite de bois ou d'une autre matière, l'œuvre d'un artisan ou d'un ouvrier, le fruit d'un travail, le lieu où on va s'asseoir pour manger ou pour parler. Ce mot simple vit différemment selon que c'est un homme ou une femme qui l'a écrit. Maintenant prends un mot comme « Liberté » par exemple, la distance entre ce mot dit ou écrit par une femme et dit ou écrit par un homme, est vertigineuse. Une femme qui n'est pas une militante déclarée ou une spécialiste de ce genre de questions, quand elle écrit « Liberté », si elle ne veut pas que cette liberté soit entendue comme la licence, il faut qu'elle précise ce qu'elle veut exprimer par ce mot. Quand un homme écrit « Liberté » il n'a pas besoin de préciser, son mot se comprend immédiatement comme liberté. Le « je veux être libre » d'une femme, n'a pas la grandeur et la beauté du « je veux être libre » d'un homme, elle peut les acquérir mais il faudra que la femme s'explique. Tous les principes et tous les préjugés qui pèsent sur nous se retrouvent dans les mots que nous employons, sans compter que les mêmes principes et les mêmes préjugés nous en interdisent certains.

Annie : Ça veut dire que nous avons à préciser ce que nous mettons derrière notre écriture, derrière nos mots, sinon nous savons qu'ils vont être entendus différemment, nous risquons toujours d'être déplacées ou mal entendues.

Marie : C'est en effet ce qu'il faudrait que nous fassions pour que nos écrits restent dans le ghetto où ils sont actuellement, pour qu'ils continuent à être lus et critiqués comme ils le sont. Personnellement je commence à trouver qu'il y en a marre de ces simagrées et je pense que nous n'avons pas à préciser ce qu'il y a derrière nos mots, nous devons les employer comme ils sont, sans les trafiquer. La difficulté, pour nous qui écrivons, c'est de nous servir de la totalité du matériel qui est à notre disposition, sans tenir compte des interdits d'usage, sans l'adapter, sans créer un autre ghetto, celui d'une écriture féminine. On sait déjà ce que ça vaut une poétesse, une doctoresse, une avocate... ça ne vaut pas un clou. Une écrivaine ça ne vaudrait pas plus cher. Il ne s'agit pas de faire des petites bagarres de clan, il s'agit de mener un véritable combat, une lutte, aussi sororalement que possible mais fermement.

La meilleure manière de prouver qu'il manque des mots, que le français n'est pas fait pour les femmes, c'est de nous mettre au ras de notre corps, d'exprimer l'inexprimé et d'employer le vocabulaire tel qu'il est, directement, sans l'arranger. Il deviendra alors évident et clair qu'il y a des choses que nous ne pouvons pas traduire en mots. Comment dire notre sexe, la gestation vécue, le temps, la durée des femmes ? Il faudra inventer. Le langage se féminisera, s'ouvrira, s'embellira, s'enrichira. Notre sororité sera féconde et accueillante car nos mots serviront à tout le monde.

Annie : Prenons Hélène Cixous. Je crois qu'elle écrit vraiment de sa chair même, sans essayer de répondre à une certaine demande, sans entrer dans le langage tel qu'il est : codé, imposé... Mais elle court le risque d'être perdue. D'ailleurs, elle est presque toujours perdue, elle est presque toujours non entendue.

C'est ça qui est difficile si on veut à la fois écrire sans tricher et être lue. Je me demande s'il n'y a pas toujours des formes de compromission là-dedans... Si j'écris le mot amour je vais bien être obligée d'écrire ce que je mets là-dessous parce que je ne veux pas qu'on entende amour exclusif, passion unique et absolue...

Marie : Ou les jambes en l'air dans les fleurs bleues...

Annie : Moi je ne veux pas qu'on entende ça alors je ne pourrai pas dire amour tout court. Il va falloir que j'écrive tout un livre pour dire amour.

Marie : Tu n'as pas besoin d'expliquer. Pour qui seraient ces explications ? Pour ceux qui ne veulent pas imaginer qu'il y a une autre écriture, un autre discours ? Laissons-les tomber. Le public, une fois le premier effarouchement passé, ne s'y trompe pas, surtout les femmes qui sont de plus en plus nombreuses à vouloir s'exprimer, qui cherchent, avec une avidité parfois incroyable, à naître.

Le danger c'est de se justifier, d'expliquer. Je crois qu'il faut écrire brutalement et irrespectueusement.

Le danger c'est aussi le langage technique, scientifique, spécialisé. Quand une femme emploie ce langage elle a toutes les chances d'être prise au sérieux, elle n'a pas besoin de se donner du mal pour être comprise (c'est une façon de parler...). Voici une phrase : « Car parler d'idéologie c'est bien faire advenir une fondamentale relativité du discours tenu et le poser comme retardé par rapport à sa propre causalité. » (Catherine Clément : *Miroirs du sujet*.) C'est une femme qui l'a écrite mais si ça avait été un homme ce serait pareil, elle serait lue de la même manière. Les mots techniques n'ont pas de sexe. Ils n'ont pas de cicatrices, ils n'ont pas d'histoire, ils n'offrent pas de prise, ils n'ont, le plus souvent, pas eu le temps de vivre. Ils sont neutres.

Ces mots servent de masque aux femmes comme aux hommes qui s'en servent.

Annie : Là je crois que tu te trompes. Les penseurs, les philosophes, se présentent comme tels, pas comme des écrivains.

Marie : Pourquoi ne se contentent-ils pas d'être publiés chez les éditeurs spécialisés ? Pourquoi aller chez Gallimard, au Seuil, chez Grasset, etc. ? En faisant cela ils découvrent leur désir d'atteindre un public plus grand que celui des spécialistes, alors que leur écriture est incompréhensible pour le grand public.

Annie : Oui, il y a quelque chose de vrai. Quand Kant écrivait la *Critique de la raison pure* il ne pensait pas au public, il pensait aux philosophes. Et c'est vrai que chez les penseurs français aujourd'hui il y a un désir d'atteindre d'autres gens que les spécialistes. Or ils devraient se rendre compte qu'ils n'arrivent encore à atteindre que des « spécialistes ».

Marie : Je trouve qu'il y a là une situation dramatique, quelque chose de poignant. Que font les philosophes traditionnels ? Ils laissent à des gens de second ordre, et qu'ils considèrent comme étant de second ordre, le soin de vulgariser leur pensée. Ils forment une élite, une aristocratie, un petit univers bien exclusif de privilégiés. Que font les philosophes dont nous parlions tout à l'heure, ceux qui publient ailleurs que dans les revues et les éditions spécialisées ? Ils ont l'air de vouloir transmettre directement leur pensée sans passer par les vulgarisateurs. On dirait qu'il y a un désir de communiquer. Et ils n'y arrivent pas, ils n'établissent pas la communication. Leur pensée est pourtant claire, parfois lumineuse même, mais les mots qui la portent sont obscurs, absolument indéchiffrables. Qu'est-ce que cela cache, comment interpréter cet acte manqué ?

Tu te rends compte de ce qui se passerait en France si des millions de personnes pouvaient lire réellement les livres de Foucault qui est pourtant, et de loin, le plus facile à lire ? (Je dis lire réellement parce que je sais que le livre de Deleuze, *L'Anti-Œdipe*, s'est vendu à vingt ou quarante mille exemplaires, mais combien l'ont lu réellement, combien l'ont acheté par snobisme seulement ?) Tu te rends compte du bouleversement que ça produirait sur ces gens désenchantés, angoissés, à la limite du désespoir ? Tu te rends compte du coup de fouet que ça leur donnerait ? Ils en sont à s'embourber dans une vieille pensée impensable désormais, alors qu'une autre pensée existe déjà, est déjà contestée, élargie ! Mais ils ne le savent pas, personne ne le leur a dit ! Et même si on le leur disait, ils ne pourraient pas comprendre les mots qui la portent.

C'est faux de dire que ces mots sont ceux de l'avenir et qu'il faut le temps de les apprendre. Je prétends que ces mots sont et resteront des mots techniques, des mots de spécialistes, les mots d'une élite ; quelques-uns de ces mots sortiront du camp des savants mais la plupart y resteront. Ce qui est dramatique c'est qu'on croit qu'ils habillent une pensée difficile, parce qu'ils sont difficiles, eux-mêmes. On laisse croire ça, alors que ce n'est pas vrai.

Un jour dans une réunion, j'ai entendu Bernard Noël déclarer : « Un livre illisible est un livre censuré. » Cette phrase m'a bouleversée. J'ai commencé à penser à toutes les censures. La censure légale d'abord. Il existe en France des textes de loi qui autorisent le pouvoir à faire disparaître certains livres. Et puis la plus visible : la censure commerciale, qui fait qu'un livre n'est purement et simplement pas publié ou qu'il est mutilé parce qu'il n'a pas de valeur vénale. La censure culturelle ensuite : faute de connaissances, faute d'un vocabulaire riche, il y a des livres qu'on ne peut pas comprendre qui sont des trésors inaccessibles. Enfin il y a la censure intérieure, celle que l'écrivain opère sur lui-même pour ne pas se démasquer.

Pour en revenir à nos penseurs il est évident qu'ils sont victimes de la censure culturelle. En France, l'instruction est faite de telle sorte qu'elle n'apprend pas à vivre aujourd'hui, à travailler aujourd'hui, à comprendre aujourd'hui, à lire aujourd'hui. Chez nous on forme des spécialistes, des ouvriers, des Français, pour 1950 !

Tu enseignes, j'ai enseigné, je suppose que tu es d'accord avec moi pour dire que la politique de l'Education nationale et des universités ça tient du guignol et du cocktail à la Société des gens de lettres.

Mais j'ai surtout envie de parler de la censure intérieure qui favorise l'emploi du langage technique. Justement parce qu'il est neutre. Non seulement il n'a pas de sexe mais il ne laisse rien passer du corps de ceux qui s'en servent. Je remarque que Barthes, Deleuze, Foucault, sont tous des homosexuels. J'aimerais savoir comment ils vivent leur homosexualité. L'un d'entre eux, je ne sais lequel, a interdit la publication d'un ouvrage où il était question de son homosexualité. Pourquoi cela le gênait-il ? Pourquoi les livres de Foucault sont-ils de plus en plus faciles à lire ? (Quelle différence entre *L'Archéologie du savoir* et *La Volonté de savoir !*) Je lis, ou j'essaie de lire plutôt, les livres de Dollé (Grasset), de Poulantzas (Le Seuil) et je me demande : quels sont leurs problèmes ? Que cachent-ils ? Où est leur malaise ? Que signifient ces publications chez des éditeurs parisiens non spécialisés ? Ont-ils si peur de leur corps qu'ils n'ont plus de voix ? Quels sont les vrais mots qu'ils cachent sous ceux de leur science ?

Je pense aussi aux Québécois que je connais bien. Il y a seize ans que je vais chaque été chez eux. C'est un peuple que j'aime et j'aime leur langue. Ils ont une grande difficulté à se situer dans le monde. Ils sont tiraillés par les Américains, par les Français, par les Anglais. Ils sont farouches et fiers. Ils veulent vivre une vie qui leur soit propre, mais quelle vie, où est-elle ? Je remarque que dans leur presse, l'usage du vocabulaire technique bat tous les records. Par exemple ce commentaire, écrit dans un simple programme hebdomadaire de télévision (distribué avec le journal à gros tirage du dimanche), destiné à présenter une émission dont le titre était : « Les jeunes s'toutes des fous » : « L'autorité religieuse et son corollaire, la soumission religieuse, restent sous-jacents à la motivation et à la texture psychologique de presque tous les personnages... » Pourquoi ? Pour qu'on prenne au sérieux une émission dont le titre était trop près de la vie ? Pour masquer la matière véritable de l'émission ?

A l'inverse, je pense à Jean Genet qui me disait la semaine dernière qu'il s'opposait à ce que le *Journal du voleur* soit tiré à plus de cinq mille exemplaires. Inutile de te dire que ça a fait tilt dans ma tête. Pourquoi ?

94

Genet sait qu'il me fait rire, alors il m'a répondu en faisant des pirouettes dont la dernière voulait dire : peut-être que je n'ai pas envie que beaucoup de gens entrent dans mon intimité, dans celle qu'il y a particulièrement dans le *Journal du voleur*.

C'est que Genet, lui, est facile à lire. N'importe qui peut s'emparer de lui à travers ses livres, peut le « toucher »...

Je pense aussi à un de mes copains. Il a trente ans, il est prof de philo, il est torturé par une névrose obsessionnelle. Il est hanté par les robinets, les interrupteurs, les compteurs. Il en souffre. Il a entrepris une psychanalyse depuis peu. Il s'exprime comme un livre de philo. L'autre jour il me parlait du « jeu » qui est mené au cours des séances, de « l'immanence du jeu dans la technique analytique... »

« Quand tu parles de jeu, à quel jeu tu penses ?

— Je pense à une action ludique qui se substitue à un état conflictuel réel...

— Je te demande de me nommer un jeu. A quoi tu jouais quand tu étais petit ? »

Il m'a regardée avec irritation : toujours mes conneries ! J'ai insisté :

« Dis-moi le nom d'un jeu tout de suite, sans réfléchir, sans choisir.

— N'importe quoi : Le gendarme et les voleurs. »

En même temps que les mots sortaient de sa bouche, j'ai vu de l'étonnement et de la joie dans son regard : justement son père était gendarme...

Tu sais, tout ce que je te raconte sur le langage technique ou spécialisé, ce n'est pas venu par hasard.

C'est que je pense au langage des femmes. Quand j'écris je me sens sans arrêt à l'étroit dans le vocabulaire soit parce qu'il me manque des mots soit parce que les mots français sont tellement investis par les hommes qu'ils me trahissent quand c'est moi, une femme, qui les emploie.

Alors que faire ? Bien sûr, c'est tentant de féminiser les mots et je sais que beaucoup de femmes ont envie de s'engager dans cette voie. Tout bien réfléchi, moi, je n'y tiens pas. Il me semble que ce serait créer une nouvelle aliénation en créant un nouveau langage spécialisé. Il y aurait le langage des femmes comme il y a le langage des tôlards, le langage des sportifs, le langage des curés... Ce serait un langage à employer entre nous. Je ne suis pas assez féministe pour que ça m'intéresse. Moi, le pouvoir aux femmes, je n'ai rien à en foutre. Ce que je veux c'est l'égalité, la justice, le partage. Mais alors ça, je le veux très fort.

Franchement, être un écrivain, ça ne me dérange pas du tout. Je dirai même que, au point où nous en sommes, je préfère ça à être « une écrivaine ». Par contre, ce qui me gêne terriblement c'est de n'avoir qu'un seul mot pour désigner mon sexe : con. Ça me gêne de ne pas avoir un seul mot pour écrire mon temps qui est bien différent de celui des hommes ; le temps de la femme est toujours présent, toujours inclus dans ma vie, réglé par ses règles, coupé en tranches par sa fécondité. Pas un seul mot pour traduire ma durée ; car je crois que les femmes n'ont pas de la durée le même sens que les hommes, elles savent vivre la gestation de l'intérieur.

Tu ne trouves pas symptomatique le fait que les bons films de femmes sont considérés comme étant des films lents ? Je pense à *India Song*, à *Jeanne Dielman*, au film de Yanick Bellon. Moi je ne dirai pas qu'ils sont lents mais, cependant, comment dire que leur lenteur est grouillante ? Il y a un rythme dans la lenteur, dans ce qui est en train de se faire, que nous connaissons et que les hommes ne connaissent pas. Quels sont les mots qui expriment ça ?

LA béance. L'ouverte. La nuite. La nuine... Quel mot fera exister mon con ? Quel mot exprimera son active et sombre inertie ? Une lalgue. Une puitre. Une bueuse. Une hamère... pour dire la suavité de son humidité, la profondeur de ses abysses ? Sente. Ravine. Voille. Tronce... Pour dire le chemin carmin du plaisir, de l'enfant. Et la rengaine du sang ? La sanguaine ?

Où Annie me pousse-t-elle ?

Je suis née à quarante ans sachant parler le français et capable de le dire. Tout est neuf. Je suis neuve. Je viens de sortir d'un souterrain interminable et noir où j'étais horriblement seule. Je suis heureuse de rencontrer les autres, enfin. Ce que j'ai senti, ce que j'ai perçu à travers le courant de ma maladie, j'ai envie de l'exprimer. Il faut que je parle, il faut que j'écrive. J'ai vécu longtemps, avant, dans une terreur intense qui ne me quittait pas. Peur de ma condition d'être humain. Peur de l'absurdité que cela représentait. Peur d'un non-sens universel dans lequel j'étais totalement impliquée. Incapacité d'accrocher la raison, ce que je croyais être les fondements de la raison, à l'univers, à ce qui m'entourait : les gens, les choses, le reste. Peur de la mort et peur de la vie qui contient le germe de la mort.

Marie : A propos de la mort : une jeune amie Québécoise a séjourné chez moi il y a quelque temps. C'était la première fois qu'elle venait en Europe, elle ne connaissait que la vie américaine. Un jour elle était sur le balcon de mon appartement. (J'habite un grand ensemble et mon balcon donne sur une petite place autour de laquelle sont disposés des immeubles). Ce jour-là il y avait un corbillard stationné sur la placette. Louise l'a remarqué et m'a demandé si le chauffeur qui le conduisait habitait dans les immeubles.

« Non, je ne crois pas, c'est simplement un corbillard qui est venu chercher un mort pour son enterrement.

— Un mort dans l'immeuble ? Il peut y avoir quelqu'un de mort dans l'immeuble ?

— Bien sûr. »

Elle était immédiatement rentrée dans la maison, elle était émue, elle n'osait pas comprendre.

« Mais comment... On peut mourir dans un immeuble. On garde les morts ici ?

— Oui. »

Je lui ai expliqué qu'en France, c'était interminable, qu'on gardait les morts au moins trois jours, tandis qu'en Algérie, à cause de la chaleur, une loi veut qu'on les déblaie dans les vingt-quatre heures.

La fille n'en revenait pas, elle était complètement bouleversée. Chez elle, dans la demi-heure qui suit la mort d'une personne, si par hasard elle est morte chez elle et non à l'hôpital, on l'embarque subrepticement pour un « funeral home ». Là on vous maquille, on vous arrange, on vous habille, on peut même vous embaumer, etc.

Par exemple Yvon, un copain de ma fille, m'a raconté comment ça s'était passé pour sa grand-mère. Il est d'une famille très pauvre. Il a des tantes et des oncles qui ne savent ni lire ni écrire, on leur a seulement appris à signer leur nom pour la paperasserie. Ils ont toujours vécu dans la misère. (Et la misère, en Amérique du Nord, au milieu des gratte-ciel, des Cadillac et des gazons bien tondus, je trouve que c'est encore pire qu'ailleurs.) En plus de ça cette malheureuse femme, la grand-mère, avait eu vingt et un enfants... Tu te rends compte ! Bon, la voilà qui meurt. La famille s'est cotisée et on a payé dix dollars pour une robe en papier crépon et des souliers en carton, décents, fournis par le *funeral home* et ils ont payé aussi pour qu'on la maquille et qu'on lui fasse une belle coiffure de douairière. Si bien que la pauvre vieille s'est trouvée morte, allongée, comme ça, comme elle ne l'avait jamais été dans sa vie : une vieille dame honorable qui repose paisiblement. Toute la famille vient, on boit du Coca-Cola, on mange des chips, on bavarde, on fait comme si la grand-mère n'était pas morte, comme si elle faisait la sieste. Il y en a qu'on installe dans des rocking-chairs. Mon mari a vu une vieille dame qu'on avait assise dans un fauteuil avec son tricot...

Ça va avec le capitalisme. Quand on vit dans ce système, comme les Américains y vivent, la seule raison d'exister c'est la possession de biens matériels, c'est l'argent. Dans ces conditions la mort est inacceptable, insupportable. Alors on la nie. On en a honte et les pauvres ont encore plus honte que les autres de mourir : puisqu'ils sont pauvres c'est qu'ils n'ont pas su vivre.

Tu sais qu'il y a à Los Angeles, je crois, un endroit où les milliardaires se font congeler dès qu'ils sont morts. Il paraît qu'il y a Walt Disney là-dedans et Onassis aussi. Le jour où on trouvera la parade à ce qui a causé leur mort on les réchauffera, on les soignera et on les rendra à la vie. C'est une négation radicale de la mort.

Une idéologie capitaliste, une économie capitaliste, ne peuvent que couper les humains du rêve, de l'imagination, de l'univers, du cosmos. On se bat pour posséder le plus possible, on n'est plus qu'un robot à faire du pognon.

Annie : En fait en nous écartant de la mort, en nous coupant de la mort, on nous enlève la vie.

Est-ce que tu as vu la mort de près ? Est-ce que tu l'as suivie autour de toi ?

Marie : Pendant tout le temps de ma maladie l'angoisse de la mort ne m'a pas quittée. J'étais constamment en contact avec elle, je ne voyais qu'elle, je ne vivais qu'avec elle. Et ça a duré des années. Cette mort-là je la connais par cœur. Mais c'était une mort névrotique, une mort incompréhensible, inacceptable, comme celle des Américains. Non seulement elle ne me quittait jamais mais, par-dessus le marché, j'étais hantée par le suicide.

En dehors de ça j'ai vu mourir des gens pendant la guerre. Ma mère dirigeait un service de blessés dans un hôpital militaire, à Alger. Au moment du débarquement dans l'île d'Elbe et au commencement de la campagne d'Italie les soldats blessés arrivaient directement du champ de bataille, par avion, encore couverts de leur sang caillé, de boue.

Comme la ville était trop petite pour loger tous les états-majors on avait réquisitionné les écoles pour la troupe. Je me souviens que mon école s'était transportée dans la crypte d'une église où les cours, donnés dans de grandes salles voûtées et sombres, étaient rares et folkloriques, c'était une pagaille formidable et on ne foutait rien.

Ma mère n'aimait pas cette liberté, le fait que je n'avais rien à faire. D'autant plus qu'elle était prise toute la journée dans son hôpital et qu'elle ne pouvait pas me surveiller. Alors elle a décidé de m'emmener avec elle : « les infirmières s'en vont toutes sur le front, il y a très peu de personnel. Tu vas donner à manger aux soldats qui ne peuvent pas manger seuls, on t'apprendra à raser et à faire de petits pansements. » Elle m'a appris effectivement à faire tout ça. Je partais le matin avec elle ; d'abord la messe de six heures et puis l'hôpital jusqu'au soir où il y avait du travail par-dessus la tête. J'aimais bien ça. Ce que j'aimais le plus c'était le contact des hommes.

Annie : Tu avais quel âge ?

Marie : J'étais très jeune... Dans les treize ans. Mais j'étais déjà une grande gaillarde, je mesurais près d'un mètre soixante-dix, j'avais de la poitrine, enfin comme les filles méditerranéennes qui se développent très vite. J'étais habillée en infirmière et les hommes se rendaient compte que j'étais jeune mais ils n'imaginaient pas que j'étais une enfant. Il faisait très chaud et ils étaient tous rangés en rang d'oignons sur leur lit, nus, avec leurs blessures, dont certaines étaient très graves. Ils m'aimaient beaucoup et moi aussi je les aimais beaucoup.

Quand je pense que ma mère avait peur de me voir

sortir dans la rue et qu'elle m'enfermait toute la journée avec des centaines d'hommes à poil...

Là j'ai vu mourir des hommes. Leur mort ne ressemblait pas à celle que j'ai connue dans ma maladie. Ils étaient calmes, ils ne mouraient pas dans la terreur. Ils mouraient gravement avec une sorte d'austérité dans leur regard. On sentait bien qu'ils étaient en train de vivre un moment important mais je n'en ai jamais vu un éprouver de la peur, enfin ce que moi j'ai appelé la peur par la suite : l'angoisse.

Je crois que la mort ne fait pas peur quand elle vient car elle est naturelle et qu'on n'y entre que lorsque on l'a acceptée. Elle n'arrive pas par hasard, elle ne surprend pas. Elle se présente et ne nous prend qu'à partir de l'instant où on l'a jugée nécessaire, bonne. Elle n'est pas angoissante. Ce qui est effrayant parfois c'est la souffrance, ou l'agresseur qui veut donner la mort, mais pas la mort elle-même.

Annie : Moi je crois ça aussi.

Marie : Pour moi, la mort de ma grand-mère a été exemplaire et m'a donné à réfléchir. Elle avait quatre-vingt-cinq ans mais, malgré ça, elle n'était pas vieille. Elle n'a jamais été vieille. Elle était rapide d'esprit, elle s'intéressait à tout et elle aimait rire par-dessus tout.

Alice, Cécile, Berthe, Honorine Berger de Talbiac est née le 8 novembre 1878 au fond du bled algérien dans le grand lit d'une grande chambre d'une grande maison gardée par de grands murs. A deux ans elle était orpheline de père. A huit ans elle perdait son grand-père qui, en mourant, lui léguait son énorme fortune. Le vieil homme avait craint que, une fois seule, sa brue ne se remarie et dépose les biens de la famille dans sa nouvelle corbeille de mariage ; aussi avait-il décidé que toutes ses vignes, toutes ses orangeraies, toutes ses oliveraies, toutes ses terres, tous ses bâtiments, toutes ses routes appartiendraient à sa petite fille, une enfant blonde aux yeux bleus, à la carnation rose piquetée de taches de rousseur, au visage sans beauté mais vif, charmant, allumé de gaieté et d'effronterie.

Quand le grand-père a senti sa mort proche, il a demandé à avoir Alice auprès de lui afin de lui faire part de la grave décision qu'il avait prise concernant sa succession et pour l'avertir des responsabilités qui allaient peser sur ses épaules. Ce serait elle, à huit ans, qui deviendrait la souveraine, sa propre mère dépendrait d'elle. Puis il lui a demandé de l'embrasser. La petite Alice s'est exécutée, elle a dû grimper sur le lit qui était presque aussi haut qu'elle, et là, sur les draps marqués de la couronne des marquis, elle a donné son dernier baiser à celui qui faisait d'elle une riche. Le vieillard a laissé faire l'enfant puis, dans un geste de tendresse et de possession, il a passé ses deux bras autour de son héritière. Il a eu un spasme alors et il est mort en serrant les bras si fort que l'enfant s'en est trouvée prisonnière, écrasée contre la poitrine désormais immobile de son grand-père. L'air manquait à Alice pour respirer et encore plus pour appeler à l'aide. Elle a dû rester comme ça, à moitié étouffée, jusqu'à ce que quelqu'un entre dans la pièce et la délivre avec des exclamations et des sanglots. La peur qu'elle avait ressentie avait été si forte que ses règles étaient venues la nuit même. A huit ans !

Le lendemain la peur était passée, l'enfant était

devenue une femme. Une femme libre, indépendante, qui avait avant tout le goût du bonheur et aucun goût des affaires.

Quand elle est morte, à quatre-vingt-cinq ans, elle avait complètement dilapidé la fortune considérable de son grand-père, il ne lui restait plus pour vivre que la petite retraite de son mari, un homme rencontré à un bal donné par le gouverneur, et dont la principale occupation, à compter du jour où il a épousé Alice, a consisté à aider sa jeune femme à dépenser ses milliards. Elle disait : « Je n'aurais pas épousé n'importe qui. Je voulais un mari qui ait le nez fait d'une certaine façon. Un soir j'ai rencontré ce nez et j'ai épousé celui qui venait après. C'était ton grand-père. Je l'ai aimé follement jusqu'à sa mort. »

Durant les dernières années de sa vie, comme elle n'avait plus assez d'argent pour avoir une femme de chambre et comme elle avait beaucoup de mal à s'habiller seule, car elle ne l'avait jamais fait et que, de plus, elle était handicapée par des rhumatismes, elle avait décidé de faire couper ses vêtements par-devant — y compris ses soutiens-gorge, ses culottes et ses corsets — et d'y faire coudre des boutonnières et des boutons. Ainsi ne dépendait-elle plus de personne.

A l'église, le jour de son enterrement, j'ai entendu le prêtre prier : « Seigneur, voici ta servante Alice qui se présente devant toi. Daigne la recevoir dans ton paradis. » Et cela m'a fait rire car Alice disait, pour défier sa fille (ma mère) qui pratiquait avidement sa religion : « Comme le paradis doit être ennuyeux ! Tu te vois jouer du banjo toute la journée avec des saints ? »

On l'a ensevelie dans la terre glaciale de France, en février. De l'amas de couronnes mortuaires amoncelées

105

sur sa tombe sortaient des palmes échevelées, on aurait dit un palmier foudroyé. C'était absurde mais c'était bien aussi car elle ne cessait de répéter les derniers temps : « La vieillesse, au point où j'en suis, n'est pas supportable. Elle est trop dégradante. »

Marie : Je suis certaine que ma grand-mère a senti la mort et qu'elle l'a acceptée. Elle est devenue grave. Je l'ai vue s'éloigner de nous pendant trois jours. Elle a dit : « Ne m'embrassez plus, je ne veux pas m'attendrir. » Elle a continué à vivre exactement comme d'habitude, prenant ses repas avec nous, regardant la télévision... Mais plus les heures passaient plus il était évident qu'elle s'enfonçait dans une initiation. Le matin du quatrième jour elle s'est levée très tôt, elle a fait sa toilette, elle s'est coiffée, poudrée, habillée, minutieusement, elle s'est parfumée. Ma mère lui a dit : « Mais qu'est-ce qui vous prend, il est à peine cinq heures du matin. » Elle a répondu : « Je sais ce que je fais, il n'y a rien de plus laid que les vieux morts. » Puis elle s'est couchée et elle est morte.

J'ai vu ou j'ai entendu parler d'autres morts semblables. Je crois que la mort ne vient que lorsqu'on est capable de la recevoir. Quand je dis des choses comme ça il y a parfois des gens qui sont scandalisés, parce qu'ils pensent à la mort de personnes jeunes ou à des morts accidentelles. Mais, même dans ces cas-là, je pense qu'il y a un instant, ne serait-ce qu'une parcelle de seconde, où on affronte la mort et où on l'accepte, où on éprouve la nécessité de se reposer en elle.

Annie : Je crois très fort à ce que tu dis. J'ai fait cette expérience dans une voiture. J'ai vu arriver la mort. J'ai pensé aux autres, j'ai eu un moment de tristesse très grande pour eux et j'ai eu un calme très grand. Je me suis dit : « Voilà, c'est maintenant. »

Nous sommes de plus en plus écartés de la mort. Le premier mort qu'on voit, le premier moribond, c'est quelque chose de terrible justement parce que nous en sommes écartés. Je pense que dans les petites sociétés où les enfants sont constamment confrontés aux vieillards, où ils ont, très jeunes, l'expérience de la mort, c'est irreparable dans leur mémoire le premier mort. Est-ce que tu te souviens de ton premier mort ?

Marie : Oui. Et encore une fois j'ai de la chance d'être née là où je suis née. Chez moi, en Algérie, la mort n'est pas du tout prise par les musulmans comme par les Européens. On ne met pas les morts dans un cercueil. On les met simplement sur une planche et on les recouvre d'un tissu à travers lequel on voit très bien le corps.

Annie : Ça recouvre le visage ?

Marie : Ça recouvre tout mais tu vois parfaitement les pieds, au bout, qui soulèvent le drap. Si c'est une personne forte tu vois le ventre qui bombe. Tu vois la forme de la tête. Il n'y a que les hommes qui portent les morts. Ils adoptent une cadence rapide pour marcher, une sorte de piétinement vif qui fait que le cadavre bougeotte un peu, en haut, au-dessus des têtes. Les femmes crient, pleurent, se griffent le visage, ce sont, pour la plupart, des pleureuses professionnelles. C'est une grande cérémonie tragique, une sorte de grande fête dramatique avec des couleurs, des bruits, des mouvements, de la musique. Ça n'a pas le côté passif, le côté résigné, dompté, des enterrements de chez nous. Ça ne souligne pas l'absurdité, comme chez nous, ça souligne la vie telle qu'elle est.

C'est ça les premiers morts de mon enfance. Après, dans mon adolescence, j'ai vu une morte : une jeune femme qui était morte en mettant son enfant au monde. L'enfant aussi était mort. On lui avait mis sa robe de mariée et on avait couché son bébé d'une heure à côté d'elle. Toute une mise en scène épouvantable. Je ne sais pas pourquoi j'ai senti que les vivants avaient récupéré ces deux morts et j'ai trouvé ça ridicule. Ça ne m'a pas impressionnée.

La mort ne m'a impressionnée qu'à partir du moment où je suis devenue franchement névrotique. Elle a pris un sens qu'elle n'avait pas avant, elle a pris un sens absurde que je n'avais pas ressenti dans mon enfance.

D'ailleurs en général, les enfants ne subissent pas la mort comme nous la subissons. Peut-être parce qu'ils sont encore tout près de la naissance.

Car on fait tout un plat avec la mort mais on ne fait pas tout un plat de la naissance. Ça a dû pourtant être un fameux chamboulement ce passage de l'eau à l'air, du chaud au froid, de la nuit à la lumière, du fini à l'infini. J'ai toujours été frappée par les expressions de panique qu'ont parfois les nouveau-nés quand le sommeil s'empare d'eux. On voit leurs petits bras qui se détendent, qui s'allongent de plus en plus, qui se déplient et puis tout d'un coup, comme si ce vide qu'ils sentent leur faisait peur, ils les ramènent vivement contre eux, les poings serrés, les coudes au corps, comme ils étaient dans le ventre de la femme.

Annie : Il y a certainement là une angoisse encore plus terrible que n'importe quelle angoisse de mort.

Marie : Je ne crois pas que le mot angoisse convienne. Ça a dû être un passage difficile, un bouleversement, une épreuve. Je crois que l'angoisse est liée à nos sociétés. Dans l'instant où on naît on n'est pas encore pris par ces sociétés. Malgré ce qu'on a pu en ressentir pendant la vie utérine : les bruits, les mouvements, la nervosité des civilisés. On doit pouvoir parler de peur, peut-être même d'épouvante mais pas d'angoisse. Nous avons certainement vécu notre naissance avec une grande intensité, une grande attention, une grande curiosité mais je ne crois pas qu'il y ait déjà de l'angoisse.

C'est invraisemblable qu'on ne parle pas plus de la naissance ou qu'on n'en parle que d'une manière aussi stupide, aussi mignonne, aussi simple. Ça doit être quelque chose de découvrir en quelques secondes l'air, la pondération, l'épaisseur, l'espace, les flammes de la lumière, la stridence des bruits, le froid, l'insécurité de la nudité, l'air ne couvre pas comme l'eau, surtout l'air froid.

J'ai vraiment fait une fois l'expérience à l'envers, l'expérience de la mort. J'ai fait une fausse couche avec une hémorragie soudaine, brutale. Tout à coup le sang s'est mis à couler de moi comme une cordelette. Je le voyais sortir sans arrêt, sans arrêt, rien ne pouvait l'arrêter, c'était effrayant. On m'a transportée d'urgence à l'hôpital. Quand j'y suis arrivée je n'avais déjà presque plus de tension. On ne pouvait pas m'opérer tant que je n'étais pas un peu remontée. La bataille des médecins et des infirmières a duré plusieurs heures. Ils ont cru que j'allais passer l'arme à gauche et ils ont fait venir Jean-Pierre dans la salle d'opération. J'ai toujours été d'une lucidité totale et, à partir d'un certain moment j'ai été extrêmement heureuse. Je ne sentais plus mon corps mais j'étais d'une agilité intellectuelle formidable. J'étais très attentive à ceux qui m'entouraient. C'était au Canada. J'ai vu travailler ces gens avec un acharnement professionnel admirable. Ils ont tout fait pour maintenir cette étrangère que j'étais pour eux en vie. J'ai eu de l'amour pour eux parce qu'ils donnaient beaucoup d'amour, beaucoup de force, beaucoup de compétence. Je voulais les aider pour les remercier. Le lendemain le médecin m'a dit : « C'est grâce à vous qu'on s'en est sorti, vous avez bien collaboré. » Alors que j'étais incapable de faire quoi que ce soit physiquement, j'étais complètement exsangue, je n'avais plus aucune force, je me souviens que je ne pouvais même plus soulever la tête. Le peu que j'ai fait je sais très bien que je ne l'ai pas fait pour m'en sortir parce que je me sentais parfaitement bien, je l'ai fait pour leur rendre ce qu'ils donnaient. J'étais reliée à une sorte de haut tube plein de mercure qui indiquait constamment ma tension. Je voyais cette colonne qui restait entre zéro et deux malgré les transfusions — on m'a fait une transfusion de cinq litres, c'est beaucoup. Ça m'ennuyait pour eux que ça n'aille pas mieux mais pas pour moi. Ça reste un des plus beaux souvenirs de ma vie. Je ne sentais plus rien, je n'avais plus de poids, mon corps ne pesait rien. J'avais une impression de liberté totale.

Annie : Tu ne pensais même pas « je vais mourir » ?

Marie : Oh ! si. Mais ça m'était totalement égal. Avec Jean-Pierre nous avons parlé des enfants, nous avons décidé de ce qui allait se passer avec les enfants qui étaient très jeunes, la plus petite n'avait pas deux ans. Je ne le voyais pas rester avec trois enfants, dont l'aîné avait six ans, dans ce pays où nous venions d'arriver, où nous ne connaissions personne, où il avait un nouveau travail très absorbant. Nous avons donc décidé de les confier à sa sœur aînée pendant quelque temps, jusqu'à ce qu'il soit organisé. La table d'opération était assez haute, il était assis sur une sorte de tabouret, son menton arrivait juste à la hauteur de mon visage.

Annie : Et lui, il était comment ?

Marie : Il m'a dit après qu'il était complètement bouleversé, ne serait-ce que parce qu'il y avait du sang partout paraît-il, sur les murs, par terre, partout. Mais moi je n'ai pas vu qu'il était bouleversé ; c'est un garçon qui sait très bien se contrôler. Il ne parlait pas beaucoup, il me laissait parler. Moi je me sentais merveilleusement bien, exactement comme lorsque je nage dans de l'eau tiède. Je peux même dire sans exagération que c'était délicieux.

J'ai compris que je revenais à la vie quand j'ai recommencé à souffrir. Pour me faire des transfusions ils avaient cherché mes veines partout sur mes jambes, mes bras, mes mains. Tout à coup, vers sept heures du matin, j'ai commencé à avoir mal dans tous mes membres, comme si on m'avait rouée de coups. Et surtout, comme j'étais dans une salle de réanimation, j'ai entendu d'autres personnes qui étaient là et que, comme moi, on essayait de tirer de la mort. Elles râlaient, gémissaient, gargouillaient. Alors que je ne les avais pas entendues pendant la nuit, je ne soupçonnais même pas leur présence. Tout à coup j'ai eu peur de leur mort alors que je n'ai jamais eu peur de la mienne. Je n'ai plus supporté de rester là, j'ai demandé à ce qu'on me change de salle.

Nous sommes mal liés à la mort. C'est bête parce que

la vie est bien plus intéressante quand on pense qu'elle contient la mort.

Finalement, ce que nous appelons la mort, dans nos régions, c'est un phénomène incompréhensible qui se produit dans la vie des humains occidentaux, ce n'est pas la mort. D'ailleurs pour les Occidentaux la mort au Pakistan, aux Indes, quelque part en Chine ou dans la forêt amazonienne, n'a pas la même importance, le même sens tragique que la mort à Berlin, à Londres, à New York ou à Trifouillis-les-Oies. Apprendre la mort de l'Indien, de l'Arabe, du Chinetoque ou du Nègre ce n'est pas aussi grave qu'apprendre la mort du Boche ou de l'Amerloque. Regarde ce qui se passe encore aujourd'hui avec les Esquimaux, avec les tribus amazoniennes (qui sont scientifiquement, systématiquement et raisonnablement exterminées), regarde ce qui se passe en Afrique du Sud et même au Liban... Ça n'empêche pas les Occidentaux de dormir. Mais imagine cette mort dans les faubourgs de Beauvais, de Manchester ou de Hambourg. Ouah! Chaque mort irlandais fait les manchettes des journaux. S'il fallait en faire autant avec chaque mort pakistanais... Ça c'est de la broutille. Je sais bien que l'éloignement est pour beaucoup dans notre indifférence. Mais il y a plus... Dans le fond, la mort du païen, sauvage ou pas, c'est moins dramatique que la mort du bourgeois chrétien.

Nous nous sommes fabriqué une petite Histoire de plus en plus étriquée dans laquelle la vie est occultée puisque la mort y est inadmissible.

Annie: Il reste quand même, je crois, qu'on peut très bien vis-à-vis de sa propre mort avoir une attitude ouverte qui nous vient de la vie quand on en a compris le sens. Ce qui est terrible c'est la mort des autres.

Quelquefois j'ai des suées d'angoisse quand je pense que ma fille pourrait mourir, pourra mourir.

Marie: Moi pas. Je crois maintenant que la mort est bonne et qu'elle vient bien. Bien sûr que je n'aime pas penser à la mort de mes enfants, ce serait épouvantable. Mais épouvantable pour moi, pas pour eux.

Annie: Reste que la mort des autres, c'est difficile à prendre. Quand tu racontais tout à l'heure que la mort des autres t'a fait peur dans la salle de réanimation, je pensais à mon accouchement. Je l'ai vraiment vécu de façon intense. C'est un des moments les plus forts de ma vie, je voudrais le revivre. Juste après, il y avait une femme dans la salle à côté qui accouchait, je l'entendais et je me disais : « que ça finisse, que ça finisse », je ne pouvais pas le supporter.

Marie: Comme moi, à cette époque j'avais accepté ma mort mais je refusais la mort des autres. Pourquoi ? C'est intéressant.

J'essaie de me rappeler... C'est quand j'ai entendu les autres mourant ou agonisant à côté de moi que j'ai été prise de panique. Ce sont les bruits qu'ils faisaient qui m'étaient insupportables. Or ces bruits sont les mêmes que ceux de l'accouplement : des respirations haletantes qui vont en s'accélérant, qui cessent, qui reprennent, des gémissements qui viennent du centre de nous-même. Est-ce que, en entendant ces bruits, je les ai inconsciemment rattachés à la sexualité et à tous les tabous qu'elle transbahute ?

Annie: Je comprends ce que tu veux dire, ça touche le fin fond de notre mystère. Quand tu fais l'amour tu ne les entends pas ces râles, tu les vis. Il est vrai que je n'aime pas entendre des gens qui font l'amour.

Marie: Ça ne devrait pas nous être insupportable, de

même que la mort des autres ne devrait pas nous être insupportable. C'est encore une preuve que nous sommes complètement dévoyés.

Annie : C'est vraiment du tabou. Oui, mais ce tabou n'est peut-être pas seulement le fait d'une répression sociale. Je crois que c'est quelque chose de plus profond. Il y a le noir, il y a l'inconnu absolu.

Marie : L'inconnu absolu ne devrait pas nous faire peur. D'ailleurs rien n'est absolument inconnu, d'une manière ou d'une autre on fait partie de l'absolu, on participe à l'absolu, ça ne devrait pas nous faire peur.

Je ne sais si tu te rappelles mais, à la fin d'une des premières éditions de *Tristes tropiques* il y avait des photos dont certaines représentaient des hommes et des femmes d'une tribu amazonienne qui s'accouplaient... Tu te rappelles ? Ça n'avait rien d'indécent. Ils faisaient tout à fait librement l'amour dans la poussière, sans le moindre vice et, en plus, leurs visages avaient l'air heureux. Dans le fond des photos il y avait d'autres membres de la tribu qui vaquaient à leurs occupations, qui faisaient la cuisine, qui se préparaient à partir pour la chasse, des enfants qui jouaient. Ça ne dérangeait personne qu'il y en ait deux qui aient envie de baiser tranquillement au soleil. Et ceux qui baisaient ça ne les dérangeait pas que les autres fassent le ménage ou se curent les dents à côté d'eux.

Annie : Tu crois ?

Marie : Oui. Mais c'est clair que nous avons maintenant de mauvaises communications avec le sexe et la mort qui ne devraient pas nous faire peur, ni nous déranger et encore moins nous gêner. Nous avons perdu le contact avec eux.

Annie : Quand même, il restera toujours au fond de

114

nous quelque chose qui ne pourra pas être résolu, un certain nombre de questions relatives au fait d'exister, au monde : d'où on vient ? Où on va ? Qu'est-ce que c'est que ça la mort, la vie, le sexe ? Nous sommes jetés là-dedans, le sens n'y est pas et n'y sera pas.

Marie : Parce que tu cherches un sens et par-dessus le marché un sens humain. Ce qui n'est pas humain fait peur. On n'imagine l'existence qu'humaine.

Annie : Qu'individuelle tu veux dire.

Marie : Non, humaine. Dans nos civilisations tout nous ramène à l'humain, à un humain amputé du rêve, de l'imagination. On veut tout nous expliquer et puis on nous dit : « C'est pas la peine de discuter, c'est comme ça, c'est prouvé. » Et ce qui n'est pas prouvé est dangereux, est mauvais, et à la limite ça n'existe pas. Tout doit avoir un sens logique, tout a un commencement et une fin parce que c'est comme ça dans le soi-disant règne de l'humain moderne et sorti de là y'a rien.

Je me souviens d'une émission qui est passée un soir très tard à la télévision. C'était une présentation des six ou sept savants qui, aujourd'hui, ont pris la suite d'Einstein. Ils venaient de tous les coins du monde, du Japon, des Etats-Unis, d'Union soviétique, de Suède... Des chercheurs, des physiciens, des mathématiciens. Au fond, ils disaient tous la même chose : on ne trouve rien si on suit le chemin dit rationnel, le chemin logique. Je me souviens il y en avait un qui s'était longuement attaché à l'étude de ces zones du cosmos contre lesquelles butent les ondes. Il expliquait très clairement que, logiquement, quand quelque chose est arrêté on pense que cette chose a rencontré un obstacle, un élément dur, une barrière, un mur. Et, dans ses recherches, c'est ce mur qu'il essayait de trouver ou de comprendre, ce mur

115

dans le cosmos. Et puis un jour en se baladant, il s'est mis à rêver, à divaguer, son esprit batifolait loin du mur, loin de ses calculs et tout à coup il a pensé : « Pourquoi un mur et pourquoi pas un trou ? » Et en fait c'était ça, les ondes tombaient dans un trou, un vide, dont elles suivaient le pourtour et elles ressortaient de l'autre côté.

Ça va loin notre conditionnement. On a de la vie, de l'Histoire, une idée de plus en plus étroite qui étouffe les gens, qui les aliène, qui les terrorise. La zone où nous sommes en sécurité est minuscule. Plus tu penses logiquement, plus tu prouves scientifiquement, plus tu restreins la taille de l'homme. Les hommes tronquent l'humanité, l'amputent. Nous avons des moignons partout, au rêve, au sexe, à la mort, à la vie.

Et par-dessus le marché, comme si ça ne suffisait pas, à ceux qui nous dirigent et qui nous donnent à penser, de réduire l'humanité au dérisoire, ils veulent aussi récupérer tout. Tu prends un caillou, tu le regardes, tu penses à lui et tu te dis : « Si un caillou a une existence, quelle existence barbante ça doit être, tellement lente, tellement statique... » Regarde les gens avec leurs animaux ils t'expliquent qu'ils sont intelligents, qu'ils comprennent tout, qu'ils aiment, qu'ils ont peur, tout comme nous, exactement comme nous. Ils croient que c'est rassurant de ramener tout à l'humain alors qu'au contraire ce qui les plonge dans l'angoisse c'est de vouloir tout comprendre, tout expliquer, tout s'approprier. Alors que la propriété est aliénante, est affolante. Et l'humain ce n'est qu'une parcelle de l'univers, ce n'est pas pour ça que l'univers n'est pas.

Pour nous, les Occidentaux, c'est encore pire. Non seulement nous réduisons l'Histoire à l'humain raisonnable mais encore plus à l'humain cartésien chrétien.

Regarde, aujourd'hui, l'histoire de la néo-colonisation, c'est monstrueux. Si tu ne singes pas l'Amérique ou l'Européen t'es pas normale ou t'es con; de toute manière tu es la classe en dessous.

Annie : Je me demande si tu n'es pas toujours combative. Comme si tu avais une idée de ce que devrait être la mort, la sexualité bien vécue... Selon toi on devrait pouvoir vivre tout à fait simplement le fait que deux personnes sont en train de baiser à côté de vous. Tu me cites l'exemple de ces photos et tu as l'air de dire que ça devrait être comme ça. Mais je suis tout à fait en droit de me demander si pour ces gens qui ont des pratiques sexuelles simples, ouvertes, sans tout ce qui entre chez nous de perversion, de noirceur, de honte, de culpabilité, ce n'est pas aussi une manière de réduire l'angoisse fondamentale. Je ne suis pas si sûre que l'on puisse dire voilà ce que ça devrait être.

Marie : Le poids de la vie pèse aussi sur ces gens. Mais si ce poids les mène jusqu'à l'angoisse, ce sera une angoisse plus vraie, plus saine, liée directement à l'univers. Alors que nous, nous avons perdu cette communication-là.

Annie : C'est-à-dire qu'ils ont des solutions harmonieuses qui s'accordent mieux avec l'univers, ça tourne mieux, ça roule mieux. Tandis que nous, effectivement, nous ne cessons pas d'accrocher. Nous n'avons pas cette capacité d'échanger avec les autres, les vieillards, les enfants, l'univers, le passé, l'avenir.

Marie : On n'est plus dans la ronde.

Dans ces peuples-là, quand il y en a un qui pique une crise de délire, il devient le personnage le plus important de la tribu pendant tout le temps qu'il vit son délire. Ça devient l'occasion d'une cérémonie, d'une fête. Leur délire est pris dans le lien. Or tu vois ce que nous faisons, nous, avec les gens qui ont des bouffées délirantes ? On les met dans les prisons ou dans les hôpitaux psychiatriques. On en a honte, on les condamne, on les cache, on veut les supprimer.

Je sais que j'enfonce des portes ouvertes et que je dis des vérités premières. Mais, au cours des innombrables réunions auxquelles je suis conviée en province et à Paris, qui sont le plus souvent organisées par des femmes, je suis à chaque fois saisie par l'aliénation des femmes, elles sont, en général, peu au courant de ce qui s'écrit, se pense, en France, elles sont en marge.

C'est normal, car dans cette société il n'y a pas de place pour elles, il n'y a de place que pour la féminitude.

Or je suis une femme et j'ai été une malade mentale. J'ai donc été doublement rejetée de cette société, doublement meurtrie par elle et, naturellement, je ne l'aime pas.

Je ne dis pas que seuls les hommes sont capables de fabriquer une société aussi stupide, aussi malfaisante, la raison raisonnante n'est pas leur apanage ; je pense que les femmes sont capables de faire aussi mal et aussi bête, pourquoi pas. Mais, en attendant, cette société, ce ne sont pas elles qui l'ont faite et elle est mauvaise pour elles, notoirement.

J'aimerais militer parce que j'aime me battre, je sais me battre (avec les mots bien sûr ; je ne sais pas me battre physiquement). Mais, en France, aucun parti politique qu'il soit de droite ou de gauche ne soutient réellement la cause des femmes, aucun.

J'ai assisté à une réunion organisée par le parti

communiste à l'occasion de la sortie d'un livre qui traitait des femmes. C'est Georges Marchais qui menait les débats. Il nous a expliqué pendant un bon quart d'heure que la cause de tous nos maux c'était le « grand capital », qu'une fois le grand capital abattu il n'y aurait plus de problème des femmes. Ensuite il a passé la parole à l'assemblée. Je me suis levée et je lui ai demandé : « Ne croyez-vous pas qu'une fois le grand capital abattu il restera encore pour les femmes un grand capital en caleçon qui s'appelle l'homme ? » Toute l'assistance, qui était presque entièrement composée de femmes, a applaudi et a éclaté de rire. Une femme à la tribune s'est levée et, toute rouge, indignée, a riposté : « Pas de ça ici. Nous au parti, nous sommes tous égaux, il n'y a pas de différence. » Je lui ai fait remarquer alors qu'il n'y avait pas autant de femmes que d'hommes au bureau du parti. Georges Marchais a mis de l'eau dans le vin de la dame et a avoué qu'ils avaient parfois du mal à nommer des camarades à des postes de responsabilité parce que ces camarades étaient des femmes...

Une de mes meilleures amies, inscrite au parti, à laquelle je racontais cette histoire, m'a dit : « La proportion des femmes membres du bureau du parti est égale à la proportion des femmes qui votent communiste. » Je lui ai demandé si la proportion des barbus ou des myopes au bureau correspondait à l'électorat communiste qui est barbu ou myope...

C'est pareil au P.S., c'est même pareil à l'extrême gauche. Quant au reste n'en parlons pas, c'est encore le XIXe siècle.

Oui, j'aimerais bien militer mais pas pour balayer les salles de réunion, ou pour arranger des bouquets sur les tables des banquets, ou pour assurer la garderie des enfants des congressistes. Ça, je l'ai fait toute ma vie, j'en ai marre.

Je pense pourtant que les femmes doivent entrer dans la politique, sinon elles n'en sortiront pas de leur ghetto. Il faudrait qu'elles soient nombreuses dans les conseils municipaux. Les affaires des villes, des villages et des bourgs ce sont leurs affaires, elles sont plus que les hommes concernées par les rues, les immeubles, les jardins, les commerces, etc. Parce qu'elles et leurs enfants en sont les principaux usagers. C'est ça la politique au départ : l'organisation de la cité.

Il serait bon que les femmes découvrent comment elles sont manipulées jusque dans leur vie la plus privée. Il faudrait qu'elles sachent qu'au nom de « leur nature féminine », on leur fait faire n'importe quoi. Au début du siècle, quand on a eu besoin de main-d'œuvre dans les usines on leur a prouvé par A + B que l'allaitement artificiel était le meilleur et que si elles étaient de bonnes mères et de bonnes épouses, elles devaient cesser d'allaiter et aller donner un coup de main à leurs hommes dans les fabriques. Aujourd'hui que nous sommes en période de chômage, éclate, comme par hasard, un grand mouvement en faveur de l'allaitement naturel, on découvre que le biberon, c'est ça qui fait les débiles, les délinquants et les fous... « Si vous êtes de bonnes mères et de bonnes épouses, vous devez en vitesse rentrer chez vous et n'en plus bouger, c'est la nature qui le veut. » Jusqu'à quand ? Jusqu'à ce qu'on ait encore besoin de leurs bras dehors.

Je peux témoigner — parce que je vois des milliers de femmes chaque année — qu'elles ne savent pas que leur « nature » est ce que la politique et l'économie veulent qu'elle soit.

J'AI commencé à travailler sur ce livre — qui n'en est pas un — avec une ardeur, une fougue, un bonheur, inattendus. Ça me changeait de mes livres habituels qui sont de longues navigations solitaires et tourmentées parmi les tempêtes éblouissantes de l'exaltation et les accalmies dangereuses du doute, de lentes périodes muettes. Disons que le sort de l'écrivain est une solitude parfois heureuse et souvent menacée.

Il est impossible pour un écrivain de traduire par des paroles un livre qu'il est en train de faire ou même un livre qui est déjà fait. Chaque livre est un théâtre de notre mémoire et, dans notre mémoire, la part de l'inconscient est bien plus grande que celle de la conscience. Alors nous ne savons pas en parler (c'est pour cela que les émissions dites « littéraires » n'en sont pas).

Je crois que chaque lecteur crée un livre différent de celui que l'écrivain a écrit. Et comme l'écrivain lui-même ne sait pas tout à fait ce qu'il a écrit, on pourrait dire, à la limite, qu'un livre c'est un objet de papier relié (ou broché) et imprimé, qu'une personne a écrit et que d'autres personnes feuillettent. Quant à son contenu il est ce qu'est le désir de ceux qui le parcourent.

Cette fois-ci je n'étais pas seule, je pouvais parler avec Annie du livre. Et c'était agréable. Bien sûr j'étais sur la sellette, mais, le plus souvent, c'était elle qui orientait nos conversations.

A un moment donné nous avons décidé ensemble de cesser les enregistrements. Il fallait faire le point, que je me mette au travail : que je rédige, que je fasse le tri dans le fatras de nos paroles. Au fur et à mesure que les pages naissaient je les communiquais à Annie, par petits paquets. Elle les commentait. Par exemple elle m'a dit : « Tu n'as pas assez parlé du sang. » J'y ai réfléchi. Peut-être que je pourrais développer, préciser, certains passages du chapitre du sang, mais je n'ai rien d'autre à dire à ce sujet pour l'instant. Il me faudrait lire des études, des statistiques, sur l'état gynécologique des femmes, mais il n'en existe pas. Du moins, ce qui existe en cette matière est fait par les hommes ou avec l'esprit des hommes. Personne ne met en doute la règle des règles. Moi, j'en doute. Simplement parce que j'ai pu constater jusqu'à quel point l'esprit est lié à ce sang. Je sais que ce sang n'est pas qu'une simple manifestation physiologique, une des programmations de notre corps. Il est plus que cela. Mais je ne peux rien prouver. Et puis j'ai déjà beaucoup parlé du sang dans mon dernier livre. Pourquoi Annie insiste-t-elle tant sur ce point ? Peut-être le dira-t-elle dans le texte qu'elle rédige de son côté.

L'été est venu. Je partais, comme chaque année, pour le Canada. Elle allait en Grèce, dans la famille de son mari. D'après nos plans, le gros du livre serait terminé à mon retour. Nous allions rester deux mois sans nous voir...

J'étais sur le point d'écrire « deux ans » au lieu de « deux mois » tant ce qui s'est passé par la suite a bouleversé nos plans. Mais j'anticipe...

Nous avions décidé d'une dernière et longue entrevue de quatre jours avant de partir en vacances. Chez Annie, dans le Limousin, dans la maison que ses grands-parents ont fait construire à la sortie du village où ils étaient tous les deux instituteurs.

Pour moi, Limousin, ça sonne comme *Paimpol et sa falaise, j'irai revoir ma Normandie, la Bourrée en Auvergne, Montagnes Pyrénées-é-eu,* etc. Tout le folklore français qu'on nous apprenait à l'école et qui nous semblait aussi loin, à nous enfants d'Afrique du Nord, que le mystère des Incas ou la Chine et son chapeau chinois, ah! Pour nous, le pays c'était le Djurdjura, le Sahel, le Chélif, les gorges de la Chiffa, le ruisseau des Singes, ou le ravin de la Femme sauvage. Mais ça, ça ne se chantait pas. Et ça ne s'apprenait, comme pour tous les autres petits Français, que dans un maigre chapitre de notre gros livre d'histoire et de géographie.

Par la fenêtre de mon wagon je voyais défiler la campagne la plus campagnarde qui soit, la plus française, avec des bosquets, des prairies, des glaïeuls en files, des grillages rouillés, des clôtures de guingois, des poules dodues, des chats endormis, de minces ruisseaux sinueux : l'étranger!

Heureusement Annie était là, à la gare avec sa petite fille et puis j'avais ma machine à écrire.

Pour finir j'ai passé dans le Limousin quatre journées heureuses, pleines de soleil, d'herbes, d'amitié, de beaux arbres. Pleines de l'émotion que me procurait le manuscrit du nouveau livre d'Annie que j'ai lu goulûment dans l'ombre ajourée d'un pommier ou à l'abri d'un haut lit de bois. Pleines de la fête du village et de sa retraite aux flambeaux que nous avons suivie car la fille d'Annie y portait un lampion bariolé, en tête du cortège, avec les autres enfants du pays. Les pétards éclataient dans la nuit chaude sans que leur tintamarre parvienne toutefois à couvrir la musique de la fanfare — dont Annie me disait qu'elle avait une grande réputation dans la région — éclairée par des feux de Bengale.

Tout de suite après, ça a été l'avion dans le grand ciel de l'Atlantique. Au-dessus : le bleu marine du cosmos, le noir bleuté de la galaxie. Au-dessous : les émeraudes des icebergs enchâssées dans l'Océan, juste avant d'atteindre les Amériques.

Montréal ! Et son nouvel aéroport qui gênait mon arrivée. D'habitude, à peine sortie de l'avion j'étais déjà en vacances chez Jean-Pierre. Cette fois le voyage a duré une heure de plus : le temps de faire connaissance avec les nouveaux bâtiments, les nouveaux couloirs, les nouvelles salles, la nouvelle odeur de ce lieu qui, en outre, était harnaché pour les Jeux Olympiques. Je n'arrivais pas au Canada, j'arrivais dans l'antichambre des XXIIe Olympiades.

Enfin la maison de la rue Craig, rutilante en mon honneur, repeinte à neuf, ornée de cerfs-volants chinois. Des fleurs. Le rire de Jean-Pierre, ses yeux qui me scrutent, me reconnaissent, s'attendrissent, questionnent. Des amis partout. Un saumon sur la table. Une grande table nouvelle magnifique ! « Elle est magnifique cette table, d'où tu la sors ? — C'est un copain qui l'a faite spécialement pour moi. » Des verres qu'on lève pour trinquer en riant. Les nouvelles qui pleuvent comme une pluie d'été drue et nécessaire. Leurs nouvelles, les miennes, jusqu'à ce que le creux de l'année qui nous a séparés soit comblé, jusqu'à ce que, tard dans la nuit, exténués, repus, nous en soyons, ensemble, à aujourd'hui.

Ensuite viendront des jours ensoleillés consacrés au travail et à la chaleur. Suffira de ménager ma tanière, de trouver mon rythme ; je travaillerai bien ici, j'ai toujours bien travaillé ici. Juste le temps de gommer le décalage d'heures — il me faudra quatre ou cinq jours — et je continuerai ce livre.

Je ne pouvais pas imaginer qu'il y aurait cette syncope, cette défaillance, cette rupture. Comme un séisme qui aurait disloqué largement et profondément, vertigineusement, la matière même de ma personne.

C'était le soir. Jean-Pierre jouait dans *Garden Party*, un spectacle qui commençait à minuit. Le théâtre était tout proche de la maison mais il devait malgré cela partir une heure à l'avance pour se maquiller, s'habiller, faire ses vérifications d'éclairages et d'accessoires.

Je venais à peine d'arriver et j'ai senti, ce soir-là, le changement d'heures me tenailler. J'ai pensé qu'il valait mieux rester à somnoler une heure chez nous plutôt que de dormir debout là-bas. « J'irai te rejoindre plus tard. Je crois que je vais dormir un peu. — O.K. à tout à l'heure. »

J'ai commencé par lire et puis j'ai senti que je ne parviendrais pas à lutter contre le sommeil cette nuit. Il m'envahissait, lourd, léger, noir, clair, noyant l'instant, ameutant les rêveries. Inutile de lui résister. Je vais me coucher. Ma toilette. Mon lit. Mon livre avec mes lunettes auxquelles je ne suis pas encore habituée parce qu'elles sont une porte de la vieillesse et que ça me paraît invraisemblable, impossible, drôle : « Moi, vieille ? » Ça me fait rire. A chaque fois que je les mets je singe les grand-mères : agaga agaga ; une mascarade pour moi toute seule. Rira bien qui rira la dernière...

Il faisait chaud ce soir-là, cette chaleur collante de Montréal qui, au moindre mouvement, fait transpirer la peau. C'était exactement le premier samedi des Jeux Olympiques. Les rues étaient pleines de grosses voitures luisantes qui stoppaient leurs souples lourdeurs aux feux de Saint-Denis, de Berry et de Craig, juste avant de grimper le raidillon qui conduit au Vieux Montréal. Blattes multicolores aux yeux rouges et jaunes qu'éclairaient les spots glissants des réverbères.

La ville brûlante, grouillante, dans les artères de laquelle coulait le sang des fêtes et moi dans ma chambre, seule, au repos, nue, avec mon livre et mes lunettes, éclairée par la lumière gaie d'un lampion chinois, une boule de papier ivoirin. Je n'ai pas lu longtemps. Le sommeil m'a emportée sans que j'aie eu le temps d'éteindre. Simplement, avant qu'il ferme ses portes sur mes rêves, j'ai tiré un bout de drap sur mon corps détendu par le bain frais que je venais de prendre. Je partais pour une nuit de vacances comme un gros yacht blanc croisant dans les eaux d'îles parfumées.

Quelque chose, plus tard, a agité la profonde dormeuse que j'étais devenue : un mouvement du lit, un rocher, apparu sur le trajet de ma nage délicieuse, que je devais contourner. Le temps de penser tout en continuant ma lente brasse coulée : « Jean-Pierre est rentré. » Et de replonger encore plus calmement, plus agréablement, dans mon onde tiède peuplée de coquillages, d'algues, de sables dorés et de courants bleutés.

Le lit a bougé encore, plusieurs fois. Si bien que je

nageais maintenant dans un chenal plein de récifs. Il fallait que je fasse attention, il fallait que je remonte à la surface de la vie. Je devais sourire en sortant de mon sommeil car je pensais, juste avant d'ouvrir mes yeux : « Jean-Pierre est soûl. Il est allé boire avec la troupe, après le spectacle, comme tous les soirs, mais aujourd'hui il a forcé la dose. Il ne sait pas ce qu'il fait, il veut se coucher là où je dors. » J'ai pensé aussi qu'il voulait peut-être faire l'amour et qu'il essayait de me réveiller doucement, gentiment. Je savais qu'il verrait de la gaieté dans mon regard quand mes paupières s'ouvriraient sur lui...

... Il y avait, au-dessus de moi, tout près de moi, le visage d'un homme que je n'avais jamais vu !

Un type jeune — dans les vingt-cinq ans peut-être — avec une chemisette bigarrée, un fond bleu ciel parsemé de petits sujets colorés, avec des cheveux frisés partagés par une raie sur le côté, blonds roux, avec un regard surtout, un regard épouvantable.

Il était à quatre pattes au-dessus de moi. Ou, plus exactement, quand je l'ai vu, il allait se mettre à quatre pattes. Son genou droit était déjà contre ma cuisse, son poing droit se posait contre mon épaule et son côté gauche suivait. Son regard était certainement sur moi avant même que j'ouvre les yeux, car le message dangereux qu'il portait m'a été transmis immédiatement, dans la fraction de seconde où je me suis réveillée. J'écris qu'il y avait du danger dans son regard mais il y avait plus que cela : du péril, de la menace et une totale indifférence, un mépris absolu. Aucune crainte de moi, aucune curiosité non plus. J'étais un objet, quelque chose dont il pouvait se servir sans risque, un outil dont il connaissait le maniement.

La terreur est venue tout de suite, comme si un barrage avait craqué libérant un flux dévastateur. Terreur : est-ce le mot qu'il faut ? Peur. Horreur. Panique. Répulsion. Y a-t-il un mot pour exprimer le refus essentiel du viol ? Il n'y en a pas. J'ai eu peur des bombes pendant la guerre. Dans mon enfance, j'ai eu peur des raclées forcenées de ma mère qu'elle me donnait à coups de ceinture et côté boucle. Il m'arrive d'avoir peur de l'accident quand je conduis trop vite. J'ai eu peur de la mort. J'ai peur de la sentence obligatoirement injuste des juges, des agents, des maîtres, des médecins, des puissants. Aucune de ces peurs n'est comparable à la peur du viol, ce meurtre qui ne tue pas, cet assassinat qui ne fait même pas mal.

Une sorte de catapulte intérieure s'est déclenchée pour faire lever mon corps. Mais l'homme était si près de moi que, pour ne pas le toucher, j'ai dû freiner fortement le mouvement qui me jetait en avant. Si bien que seule ma tête s'est dressée, à peine, de quelques centimètres. Une face d'épouvante brandie au bout du magma exaspéré de tendons, de muscles, d'os, qu'étaient mes épaules et mon cou. L'effort inconscient qui me poussait à l'attaque ou à la défense et l'effort conscient qui refusait l'attaque ou la défense, maintenaient mon visage en l'air, immobilisé, écartelant mes yeux, tirant les coins de mes lèvres vers ma nuque, pétrifiant le hurlement de détresse en un gros bloc qui ne pouvait pas passer par ma bouche ouverte.

Le pont qui allait de ses yeux aux miens et de mes yeux aux siens, était un pont solide et l'unique voie que m'offrait la vie dans cet instant. Nous avons tout vu. Il a su mon éveil, ma surprise, ma peur, l'attaque refoulée, la résistance. J'ai su sa détermination, son indifférence, la souplesse de son corps qui s'ajustait à la position, aucune hésitation, aucun arrêt dans son mouvement amorcé.

Parcelles de secondes qui pèsent le poids des mythes, la lourdeur des mémoires humaines.

Vision des murs blancs de ma jeunesse hérissés de tessons de bouteilles, de verres brisés, perfides comme des hameçons, cruels comme des flèches, vifs comme des balles. Infranchissables, primitifs. Avec parfois des fleurettes peintes qui restaient prises dans une cassure luisante (comme les palmiers sur la chemise de l'homme) ou des lettres encore moulées dans un cul de bouteille déchiqueté (comme la raie minutieusement faite au peigne dans la chevelure de l'homme).

Vision des plaies que je me ferais si je passais par là. Chair déchirée. Viande à vif. Boutonnières ouvertes dans les muscles pour laisser passer les gros boutons du sang. Doigts amputés. Peau lacérée. Ventre éclaté. Yeux crevés. Artères sectionnées et l'hémorragie qui jaillirait de partout par grands jets rouges, réguliers, tièdes, éclaboussant la chaux fraîche.

Le cri ne passait pas, aucun geste ne se formait. J'étais là, paralysée, tout entière livrée à la méchanceté et à la bestialité. L'obstacle était inhumain.

J'ai laissé tomber ma tête en arrière et, en même temps, j'ai mimé une crise cardiaque, une agonie. Je me suis mise à étouffer, à gargouiller, à râler. Mon instinct me poussait à faire ça, pas ma raison. Après, pendant que je me regardais faire, j'ai pensé : « Si c'est un obsédé sexuel il me violera quand même, ils violent n'importe qui des enfants, des vieilles, des cadavres. Si c'est un simple malfaiteur il ne voudra pas avoir une morte sur les bras. »

Je l'ai vu, entre mes cils, marquer un temps d'arrêt.

Puis il a progressé vivement au-dessus de moi. Il a pris mon sac qui était dans le coin près de ma tête et, prestement, il s'est reculé tout en ne me quittant pas des yeux. J'ai pensé à mes lunettes « s'il me les prend je ne peux plus écrire » puis je me suis souvenue que je lisais avant de m'endormir et que, par conséquent, mes lunettes n'étaient pas dans mon sac. Le reste, je m'en fichais, qu'il prenne ce qu'il veut et qu'il s'en aille.

J'ai serré les paupières de toutes mes forces et j'ai continué mes bruits, m'appliquant à faire bien la mourante, l'asphyxiée, l'épileptique, n'importe quoi de terrible. J'ai cru pendant longtemps qu'il était encore dans ma chambre, au pied du lit. Cette présence avivait ma terreur, mon cœur sautait dans ma poitrine, je sentais ma cage thoracique battre le matelas avec une force inimaginable. J'essayais de perfectionner mes suffocations, mes spasmes, mais cela devenait artificiel, mon imagination était à court. J'avais peur qu'il s'aperçoive de la comédie. Alors j'ai entrouvert les yeux. Il n'était pas là, la chambre était vide.

J'ai cru alors qu'il était dans l'appartement à essayer de voler plus. J'ai pensé avec chagrin à ma machine à écrire, il n'y avait que ça à voler chez Jean-Pierre. Tant pis, qu'il vole ma machine à écrire et qu'il s'en aille, Aucun bruit ne venait jusqu'à moi. Rien. Que faisait-il ? Et s'il revenait ! Le silence était insupportable.

J'ai appelé : « Jean-Pierre ! » sachant qu'il n'était pas là. C'était pour me donner du courage, pour me remettre à vivre. Et puis j'ai pris la décision de bouger. Je me suis redressée, j'ai empoigné la sortie de bain qui était restée sur le lit et j'ai fui par la cuisine, par les escaliers de la cour, pieds nus, persuadée que l'homme était encore dans la maison. La douceur de l'asphalte sous la plante de mes pieds m'a fait du bien.

La rue était pleine de fêtards, d'ivrognes, de gens qui braillaient. Dans cette nuit des Jeux éclairée au néon en haut de mâts blancs, sur les tee-shirts de cotonnade et les casquettes de papier des noctambules, il y avait partout, absurdement, les cinq cercles enchevêtrés des Olympiades : un signe, un clin d'œil, auquel je ne comprenais rien. Les voitures prises dans les encombrements avançaient au pas. J'entendais des bribes de chansons à boire, des rires, des baragouins américains.

Pour aller vite au théâtre il faut traverser en diagonale un grand parking pentu habituellement plein de caillasse, de bouteilles brisées, de boîtes de coke rouillées. J'ai voulu éviter cette mauvaise traversée, à cause de mes pieds nus, et prendre le chemin le plus long, par les trottoirs. A un moment la voie était encombrée. J'ai dû attendre qu'une voiture passe, pleine de gens en folie qui gueulaient, qui rigolaient. Toutes les fenêtres étaient ouvertes à cause de la chaleur, je voyais des têtes qui sortaient par les portières, coiffées de cotillons, des bras qui gesticulaient, l'un d'eux a saisi ma sortie de bain et a éructé des cochonneries parce que j'étais pieds nus : une dopée, une camée qu'un mauvais trip fait courir dans la rue. Il tirait. Le cauchemar continuait. Je me suis délivrée brutalement et j'ai décidé de traverser le parking : tant pis si je me coupais les pieds. Je préférais n'importe quelle blessure à ces contacts. Je savais que j'étais blanche, échevelée, traquée, folle.

Jusqu'à ce que je trouve Jean-Pierre. Alors je me suis mise à parler.

Pendant les dix jours qui ont suivi j'ai cru que je retombais dans la maladie mentale. J'étais incapable de rester seule, j'avais peur de tous les inconnus. Je ne quittais pas Jean-Pierre et, le soir, quand il s'endormait, je restais à écouter les bruits, terrorisée. Impossible de me reposer. Nous avons changé le lit de place. Je voulais acheter des verrous, plein de verrous. Partout.

Mon histoire a fait son effet sur les autres pendant quelque temps. Les hommes disaient : « Et tu n'as rien fait ! — Rien. — Même pas crié ! — Même pas. » Les femmes étaient impressionnées, elles demandaient des tas de détails et elles finissaient toujours par : « Il ne t'a pas touchée ? — Non, il ne m'a pas touchée. — Heureusement pour toi. » Puis l'histoire s'est usée, j'ai senti que je commençais à radoter en ne parlant que de ça. J'ai cessé d'en parler. Les images alors, les éclats de regards, les morceaux de mouvements, se sont mis à proliférer dans la serre chaude et bien close de ma tête.

J'étais devenue de la pâte à peur que je pétrissais moi-même sans arrêt. Certains morceaux gonflaient, levaient. Il fallait que je les travaille de toute ma force pour qu'ils n'envahissent pas tout, qu'ils ne dégénèrent pas en folie. Par exemple le mouvement sur ma gauche. L'homme avait pris appui sur le matelas à gauche de mon corps. Depuis, tout ce qui survenait sur ma gauche me faisait peur, tout ce qui était à gauche était suspect. Je devais me garder à gauche, il y allait de ma vie.

J'avais retrouvé mon visage fatigué, las, mon regard absent, celui qui cache le mieux le honteux désordre de l'esprit, celui qui masque le mieux la distance effrayante qui se creuse entre celui qui perd l'esprit et les autres. D'avoir retrouvé si vite ces gestes, ces attitudes, ces comportements, me faisait encore plus peur que ma peur. Je me rappelais sans cesse une question posée par un psychiatre au cours d'un débat : « Madame, estimez-vous que vous êtes en rémission ou guérie ? » Cet homme depuis le début de la séance était furieux contre moi, contre la psychanalyse, il voulait me blesser. Jamais, jusqu'à cet instant je n'avais douté de ma guérison totale. Je me voyais guérie de ma névrose comme on guérit d'un rhume. L'homme avait posé sa question avec le sérieux, le poids, d'un homme de science ; son ton laissait entendre qu'il savait de quoi il parlait, au contraire de moi. J'ai été surprise et un doute est venu dans mon esprit, minuscule, infime. L'assistance l'a senti, il y a eu un flottement, des murmures. Puis ma riposte, une pirouette, avait rassuré : « Je me sens totalement guérie. Mais si je me trompe et que je rechute, je vous promets d'aller vous consulter. » Les gens avaient ri.

L'histoire du violeur-voleur de Montréal avait transformé le petit doute trop vite refoulé en une certitude épouvantable : la rémission était terminée.

Toutefois l'angoisse n'était pas revenue. J'en éprouvais tous les symptômes, je tremblais, je transpirais, mon cœur battait, mais la vague de fond n'avait pas réapparu, celle qui emportait ma raison, celle contre laquelle je n'avais aucun pouvoir. Ma peur n'était pas diffuse comme au temps de ma maladie, elle était entièrement localisée sur l'histoire de l'homme à quatre pattes au-dessus de moi.

J'ai tout analysé, tout décortiqué. J'ai passé au crible le moindre détail : la lumière, les objets, les vêtements, les mouvements, la position des corps, l'heure, le lieu, les regards. J'ai accroché chaque morceau de ce puzzle particulier au puzzle général de ma vie. La peur ne passait pas. La nécessité des verrous m'obsédait toujours. J'en ai acheté un gros, doré, et je l'ai posé moi-même, très bien, en bas de la porte de la cuisine qui donne sur la cour.

Le corps de la femme n'a pas de verrou pour fermer la sente qui conduit au centre de son corps, à ce lieu d'elle-même qui lui appartient autant que ses mains, ses yeux ou ses cheveux, mais qu'elle ne connaît pas, qu'elle ne contrôle pas. Là où niche le cœur, les poumons, les intestins, l'estomac et la poche où se forme et grandit l'enfant. Il n'y a qu'à immobiliser la femme, lui tenir les jambes écartées — et encore ce n'est pas absolument nécessaire — et la voilà livrée à qui veut emprunter la voie satinée, humide et sombre, qui pénètre dans sa plus grande intimité. Une fourmi peut la violer, ou un orvet, un doigt, un spéculum et surtout le chibre de l'homme qui est fait pour aller là comme une main dans un gant.

Nous sommes trouées et ce trou est une terrible faiblesse. Il nous rend vulnérables. Quiconque connaît l'existence de ce passage non défendu sait, dès lors, qu'il peut l'emprunter sans risque. Aucun muscle, aucune porte, aucun sphincter, aucun cartilage, aucun labyrinthe ne défend l'accès du centre de notre corps. Entrer dans ce couloir équivaut à atteindre ce qui est au-delà de la mort, c'est, dans un éblouissement, être maître de la vie ; car l'essentiel se passe là, au bout de la voille, dans le plus profond de la femme.

C'est par cette béance qu'on nous a asservies, par elle qu'on nous a définies. Cette définition et cet asservissement sont les viols de notre esprit et de notre corps acceptés depuis la nuit des temps. Acceptés parce que nous ne pouvions pas faire autrement. Parce que notre territoire a cette zone sans frontière par où l'ennemi peut entrer, parce que notre corps, est, naturellement, indéfendable.

Et on ne nous a pas appris à nous défendre, au contraire, on nous a appris à nous laisser faire. Cet homme, sur mon lit, il était de corpulence tout à fait moyenne. Je n'ai pas senti qu'il était physiquement plus fort que moi. Mais comment me battre ? Par où commencer le combat dans cette mauvaise position où j'étais, couchée sur le dos, à peine couverte d'un bout de drap ? Quelle était la prise efficace ? Son regard me disait de rester tranquille, qu'il pouvait me faire du mal si je bougeais. Je l'ai cru, je n'ai pas bougé, je n'ai rien dit. J'ai seulement ressenti une impression terrassante d'impuissance et d'ignorance. J'ai agi ataviquement : je me suis laissé faire et j'ai cherché la riposte ailleurs, dans le mensonge, dans la comédie.

Nous avons pris l'habitude de subir. Nous ne savons même plus que nous subissons. Les hommes aussi ont oublié que nous subissons, ils appellent cela notre nature. Nous croyons que c'est notre lot. Proclamer que c'est absurde c'est faire preuve d'insanité. Rien ne change. Quelle est la femme qui, ayant à sortir la nuit, ne pensera pas à la rue qu'elle va aborder, seule, dans l'obscurité ? Quelle est celle qui ne calculera pas si elle va marcher au bord du trottoir ou carrément au milieu de la chaussée ? Quelle est celle qui ne décidera pas à l'avance de l'attitude qu'elle adoptera si elle voit apparaître un homme ou des hommes ? Et ça en pleine civilisation, dans nos pays qui se targuent de raffinement, aujourd'hui.

La jungle existe dans nos contrées avec les bêtes qui traquent et celles qui sont traquées. La brutalité des unes, le calcul des autres.

Quand on me dit que la misère sexuelle c'est le bout de la misère, qu'il n'y a pas plus bas, que c'est la pire, je le comprends, je sais que c'est vrai. Mais ce n'est pas une raison pour que les femmes continuent à se laisser faire, elles n'ont pas à entrer dans cette démagogie, elles n'ont pas à faire encore ce sacrifice. Car le viol (tous les viols, pas seulement ceux de nos corps, mais aussi tous ceux que nous subissons dans notre quotidienneté) c'est d'abord une mauvaise habitude que les hommes ont prise : une femme, c'est baisable.

C'était ça qui me rendait malade, qui taraudait mon esprit : la révolte refoulée, le refus annulé, la répulsion ignorée, le dégoût moqué, le territoire envahi, l'intégrité méprisée. Tout ce qui, enfin, fait que les hommes déclarent la guerre. Tout ce qui fait que nous, les femmes, nous vivons dans la passivité et la honte, alors que la guerre gronde en nous, formidable !

Le viol est insupportable, le viol est un crime, le viol rend folle !

Annie : Il faudrait que tu parles aussi de toi quand tu n'es pas combative. Il faudrait comprendre comment tu as pu vivre de grandes difficultés et comment, par ailleurs, tu as vécu, au niveau de la sexualité par exemple, quelque chose qui a été tout de suite réussi.

Marie : Oui, dans ce sens j'ai eu une vie comblée, sans problèmes.

Annie : C'est important parce que ça veut dire que l'épanouissement sexuel ne doit pas être confondu avec l'épanouissement total du corps. C'est pour ça que je n'aime pas quand, à propos d'une femme qui a des problèmes, on dit : « C'est une mal baisée. » Je trouve ça affreux. Ça voudrait dire qu'à partir du moment où une femme jouit bien, elle a son comptant d'existence.

Marie : S'il y en a une qui peut servir de preuve du contraire, c'est bien moi. Car je n'ai jamais eu de problèmes sexuels et pourtant je trimbalais des malaises tels qu'ils ont fini par former une belle névrose dans laquelle j'ai bien failli laisser ma peau.

Annie : Et tes grossesses et tes accouchements, tu les as vécus heureusement ?

Marie : Absolument. La seule remarque à faire c'est

137

que je n'ai jamais été enceinte que quand j'ai voulu l'être. J'ai eu des enfants pendant une très courte période de cinq ans. C'est tout. Je ne me suis jamais fait avorter. Et pourtant je ne faisais rien au point de vue contraceptif.

Annie: Est-ce que tu as une idée de ce à quoi peut tenir la réussite sexuelle d'une femme? Parce que, finalement, ça pose autant de problèmes que la non-réussite. Pourquoi dans certains cas ça réussit, pas dans d'autres? Moi, par exemple, j'ai eu un abord difficile à la sexualité, contrarié. Comment tu expliques ça?

Marie: Si je savais donner une explication, j'arrangerais bien des gens. Je n'en sais rien! En tout cas, je ne crois pas que ça soit lié au sexe.

Je crois que ça vient du départ, du commencement, de la première fois. J'ai eu la chance de tomber sur des garçons qui m'ont aimée, qui ont eu de la patience, de la gentillesse pour moi. Ils ne m'ont pas tarabustée, ni violée, ni forcée d'aucune manière. Ils ont été respectueux. Quand je pense au premier garçon avec lequel j'ai fait l'amour je me rends compte qu'il a été attentif à n'agir qu'au moment où j'ai été capable de l'accepter.

Annie: Finalement qu'est-ce qui est déterminant pour toi?

Marie: C'est le respect.

Annie: Ce sont les premières relations.

Marie: Au commencement rien n'a été fait contre mon gré, au contraire, tout a été fait avec une très grande attention à mon désir. Je suis reconnaissante envers ce garçon avec lequel j'ai fait l'amour pour la première fois, il ne m'a ni choquée, ni gênée, ni blessée, ni salie.

Annie: Ton cas est rare. Je veux dire que c'est très

rare des femmes qui ont eu dès le début un rapport heureux à la sexualité. Les approches des hommes étaient, et sont encore, brutales, des approches de contrainte qui s'apparentent au viol. Est-ce que pour la plupart des femmes la première rencontre avec le sexe d'un homme n'est pas le spectacle d'un exhibitionniste ? Quelle agression ça alors !

Quand j'ai commencé à faire l'amour j'étais consentante. D'une certaine façon je me disais qu'il fallait y passer. Mais si les hommes avec lesquels j'ai fait l'amour avaient été attentifs à moi, réellement, ils auraient bien vu que je n'étais pas prête et ils auraient attendu que je le sois.

Marie : Comme ça s'est passé pour moi. Le garçon savait que j'avais plus de vingt ans, que j'étais vierge, que je n'avais même jamais flirté, que j'avais envie de tout ça mais qu'il y avait une quantité de tabous religieux, familiaux, moraux qui m'avaient tenue à l'écart de la moindre vie sexuelle. Au début cette virginité absolue m'était apparue comme quelque chose d'héroïque, de pur. Mais plus les années passaient plus cette virginité me pesait, je découvrais qu'elle n'était qu'une perversion de l'esprit, une indigne hypocrisie. Il savait tout ça ce garçon-là, il savait aussi que je ne l'aimais pas, pas plus que lui ne m'aimait d'ailleurs ; il était amoureux d'une femme mariée, inaccessible. Il m'admirait. Nous nous entendions bien. Il a eu une patience ! Je me souviens très bien qu'il m'a embrassée pour la première fois en mars et que je ne suis passée à la casserole qu'en août. Je pense qu'au début il croyait que je lui racontais un peu des salades. Mais quand il s'est rendu compte que je ne savais vraiment rien, alors là, il a pris son rôle d'initiateur au sérieux, il s'est senti une responsabilité et il a parfaitement joué son rôle jusqu'au bout.

J'ai fait l'amour pour la première fois dans un endroit neutre, un hôtel, loin de ma ville, loin de ma famille, mais dans sa ville à lui où il connaissait tout et tout le monde. Après plusieurs jours je suis allée chez lui. Il avait senti que j'étais capable maintenant de vivre une réelle intimité, que je ne serais pas bouleversée par sa maison, ses amis, ses habitudes, sa véritable odeur, son rythme. Ça s'est fait facilement, heureusement.

Evidemment, après, je n'avais pas peur du sexe, pas peur de l'amour. Je peux même dire qu'à cette époque c'était la seule chose bonne dans ma vie.

Annie : Ne me dis pas que tu as toujours rencontré des hommes comme ça.

Marie : Non, bien sûr. Après j'ai rencontré quelquefois (rarement) ce que l'on appelle l'homme classique, le *macho,* le phallocrate, celui qui estime qu'un coup de queue c'est toujours bon à prendre pour une femme. J'ai trouvé ça risible, grotesque, cette prétention et je n'ai jamais accepté d'entrer dans cette danse, de recevoir ce que certains ont le culot d'appeler « un hommage ». C'est peut-être pour ça que le viol me répugne et me révolte tant ; il est à l'opposé de l'acte amoureux justement. Faire bien l'amour c'est se donner du plaisir mutuellement. Ce n'est pas facile, au commencement, de mener une femme à l'orgasme. C'est que l'acte amoureux se situe très loin de la place qu'on lui donne dans nos sociétés, il n'a rien à voir avec la forme du corps, avec le maquillage, avec l'âge, etc., il se situe dans une zone de confiance et de vérité qui est souvent difficile à trouver parce que les chemins pour y parvenir ont été brouillés.

On fait croire aux filles que si elles ondulent bien du

croupion, si elles ont la bouche gourmande et le regard humide, elles vont avoir une vie sexuelle réussie. Tu parles...

Annie : C'est-à-dire qu'on leur fait croire que le bonheur sexuel tient au désir et au plaisir qu'elles vont susciter. Finalement, elles auront du plaisir dans la mesure où elles en donneront.

Marie : C'est encore très sensible en France. Ce qui est sympathique chez certains jeunes Américains actuellement c'est qu'ils ne s'accouplent pas pour des raisons esthétiques ou soi-disant sexuelles. Ils s'accouplent parce qu'ils s'entendent bien, ils appellent ça des « vibrations », je trouve le mot un peu trop descriptif mais il dit bien ce qu'il veut dire. C'est comme ça que tu peux voir là-bas des couples impensables en France. Des filles vraiment moches (pour les hommes français), les dents en avant, obèses ou squelettiques, le cheveu ingrat, avec un garçon somptueux ou le contraire : une fille splendide avec un type affreux. Ceux que j'ai connus font de bons ménages avec de beaux enfants.

En France les choses n'ont pas bougé. Je sais de quoi je parle parce que j'ai deux filles qui ont dix-huit et vingt ans. L'une qui a toujours été ravissante selon les canons de la beauté moderne et l'autre qui a eu une fin d'adolescence un peu grassouillette. Je peux te dire que le comportement des garçons qu'elles rencontraient était exactement le même que celui des garçons de ma jeunesse. Celle de mes filles qui avait cinq kilos de trop a eu des déboires que l'autre n'a pas eus.

Annie : C'est pareil avec mes élèves. J'ai des classes mixtes et je vois très bien comment se font les concentrations de garçons autour d'une fille, c'est toujours autour de la plus jolie. Il ne faut pas qu'elle ne soit que jolie, il faut aussi qu'elle ait une espèce de petit mordant.

Marie: Les gens parlent sans savoir. Ils parlent de la jeunesse débauchée de notre époque. Moi, je crois que les jeunes aujourd'hui ont des problèmes sexuels encore plus importants que de mon temps.

Annie: Pour les femmes il y a une tyrannie du côté de la beauté. Elles savent que si elles veulent avoir accès à la sexualité autant qu'elles en ont envie, elles ont intérêt à passer par la beauté, à se faire les plus belles possible. C'est une compromission formidable car elles peuvent ressentir ce passage par la beauté comme une humiliation... Ils ne sont pas simples les rapports avec ce corps qui doit être beau !

Marie: C'est terrible, ça harcèle constamment les femmes. Ça fausse tout.

Annie: Il m'est arrivé de penser dans mon adolescence : « Au moins je ne suis pas laide. » J'avais raison de penser ça. Ce n'est pas que j'aie vendu ma beauté ou ma non-laideur, mais si j'avais été laide combien de portes j'aurais trouvé fermées ! Si j'avais été laide j'aurais eu une autre vie, c'est un autre monde qui m'aurait été donné.

Marie: C'est un monde dur qui est réservé aux laides. Moi je me suis vécue comme laide. Et quand j'ai été malade j'ai pris conscience que si j'avais eu un autre physique on aurait pris ma maladie plus au sérieux. J'avais un aspect qui allait mal avec la maladie mentale. J'ai toujours été grande, large, athlétique. Les médecins que j'allais voir à cause de mes crises d'angoisse me disaient : « Mais vous êtes la santé incarnée. Tenez, vous allez prendre telle pilule, tel comprimé et ça va passer tout de suite. » Ça ne passait pas et quand j'allais les revoir ils commençaient à me prendre pour une simulatrice, une femme qui jouait la comédie, car, avec un physique comme le mien, aussi sain, je ne pouvais pas être «dérangée» vraiment. Ils parlaient avec mon mari, dans le couloir, entre hommes. Ils devaient essayer de lui faire dire que j'avais un amant ou qu'il avait une maîtresse... C'est comme ça que Jean-Pierre a pris l'habitude de me dire : «Mais tu n'as rien, absolument rien. Si tu es comme ça c'est que tu ne fais pas assez de sport, tu restes trop renfermée...» Moi je pensais souvent : «Ah! si seulement je pouvais me casser les deux jambes!» Il y a eu toute une période où j'imaginais que j'allais prendre une hache et me couper une jambe. Comme ça on verrait que j'avais quelque chose.

C'est vraiment dur de ne pas avoir le physique de l'emploi. En France les gens n'arrivent pas à sortir des stéréotypes physiques. Les jeunes en savent quelque chose : du moment qu'on a les cheveux longs on est un révolutionnaire... Malheureusement ce n'est pas vrai !

Annie : Tu te rends compte du nombre de femmes qui croient encore que si elles étaient belles plantes elles seraient heureuses. Tout est là pour les en persuader.

Marie : Il y en a plein les rues, plein les murs, plein les têtes.

Annie : Y en a partout de cette femme qui ne peut s'épanouir qu'en devenant un objet sexuel.

Marie : Mais pourquoi les hommes qui n'arrêtent pas de faire des fiascos avec les «beautés» continuent-ils à vouloir les fabriquer, les consommer ? Pourquoi sont-ils si bêtes ? Qu'est-ce qu'on leur a mis dans la tête à eux aussi ? Ils savent bien maintenant que le bonheur, l'harmonie sexuelle, l'harmonie d'un couple ne sont pas liés à l'apparence. Alors qu'est-ce qu'ils ont à en vouloir encore ?

Annie : Je crois que c'est parce qu'ils sont encore dans une représentation de la sexualité où la belle femme est un objet précieux à posséder contre les autres : « Moi, je l'aurais eue celle-là, pas toi. » Je n'arrive pas à comprendre pourquoi une femme qui a de beaux yeux en amande et des seins bien plantés ça ferait mieux jouir un homme qu'une autre. Il est évident que c'est pas là que ça se passe...

Marie : Oui, mais eux aussi le savent.

Annie : Ça ne les empêche pas de chercher toujours du côté des belles femmes.

Marie : C'est terrible ! Et c'est surtout dans nos pays que ça se passe comme ça. Dans tous les milieux, à tous les échelons, quoi que tu fasses. Si tu n'as pas le moindre attrait physique et que t'es une femme...

Annie : ... T'es pas vernie.

Marie : Regarde une femme comme Margaret Mead qui est la laideur incarnée. Dans son pays on l'a toujours écoutée, toujours prise au sérieux. Tu imagines une femme aussi moche en France qui sort des trucs dans le genre de ceux qu'elle sortait. Personne ne l'écouterait ou alors ça resterait dans les coulisses.

Annie : Elle serait quand même trop moche.

Marie : Tu connais une femme vraiment moche qui a réussi à faire entendre sa voix en France ? Moi, je n'en connais pas. Toutes celles qui ont pu s'exprimer ont quelque chose de séduisant. Elles sont au moins maquillées, coiffées. On n'imagine pas qu'une femme comme ces Américaines géniales, qui ont l'air de sortir tout droit d'une poubelle, puisse être écoutée *a priori*.

Mais, attention, il ne faut pas qu'elle soit trop jolie

144

parce que ça, ça ne ferait pas sérieux. Si une femme est trop jolie il faut qu'elle s'enlaidisse pour être prise au sérieux... C'est d'une simplicité !... Qu'est-ce qu'il dirait M. Sanguinetti s'il devait se mettre du rouge à lèvres et se défriser pour faire passer sa tête de bouc à la Télé ? Et Sartre, faudrait qu'il se mette des faux cils. Et Poulidor, faudrait qu'il cache ses jambes maintenant qu'il vieillit. Quant à Giscard il ne pourrait absolument pas éviter la moumoute... Tu te rends compte ! Ce serait les insulter que de leur demander d'arranger leur laideur ou leurs défauts. Ce n'est pas pensable. Pourtant, ces hommes-là, qu'est-ce qu'ils ont de plus qu'Arlette Laguillier, Marguerite Yourcenar, Kiki Caron ou Indira Gandhi ? Rien, absolument rien. Tu imagines Golda Meir Premier ministre ici ? Impossible.

C'est un phénomène universel mais, en France, il est particulièrement développé. Je me souviens que j'étais complètement scandalisée au début, quand j'ai commencé à vivre en Amérique du Nord, de voir les femmes partir pour le marché avec des bigoudis sur la tête, des shorts longs qui ne cachaient pas leurs varices et, en haut, de simples soutiens-gorge enfoncés dans des bourrelets de graisse. Car le peuple américain est laid, souvent obèse, ventripotent. Ces femmes avaient fait leur toilette, elles étaient fraîches, à leur aise. Ça ne les gênait pas du tout de se montrer dans cet accoutrement. Jamais une Française — sortirait-elle de Fouillis-les-Oies par la traverse — n'oserait se montrer comme ça. Moi, je regardais les Américaines et je me disais : « Ça va pas. Elles auraient pu au moins enlever leurs bigoudis. »

Annie : Comment tu expliques ça ?

Marie : Ce sont des femmes qui ont mené une vie dure. Parce que ça a été dur le départ de l'Amérique.

Elles ont réussi, telles qu'elles étaient, nues et crues, pauvres, rudes, avec leurs hommes, à faire ce pays énorme. Elles ont prouvé qu'elles n'avaient pas besoin d'esthétique pour réussir. L'esthétique, aujourd'hui, pour elles, ça vient en plus. Elles se harnachent pour sortir, pour aller dans les « parties ». Si tu voyais les chapeaux qu'elles se mettent sur la tête, c'est pas croyable : des jardins entiers, des volières, des tempêtes de tulle ! Et les robes en lamé et les chaussures en strass ! Leur beauté c'est un signe extérieur de richesse, ça veut dire que leur mari gagne du pognon.

Annie : Alors que chez nous la beauté a un autre sens.

Marie : C'est un attrape-couillon.

Annie : Oui. Je me souviens d'une femme très simple et modeste que j'aimais beaucoup quand j'étais petite. Elle me disait : « Oh ! là ! là, toi, tu as des yeux à faire sauter les boutons de braguette. » Ça m'impressionnait beaucoup parce que je n'étais pas sûre de comprendre. Après j'ai compris : comme si la beauté, pour nous, était directement liée à la sollicitation sexuelle.

Marie : Je te dis que c'est un véritable attrape-couillon. Car c'est la beauté qui détermine le choix des Français en ce qui concerne la femme. Mais cette beauté c'est le pavillon qui couvre la marchandise. Sous la beauté il doit non seulement avoir la bonne baiseuse mais aussi la bonne cuisinière, l'économe, la mère, l'épouse, l'infirmière, la couturière, la laveuse, etc.

Nous, les filles, nous connaissons très bien ces exigences. On nous a inculqué tout ça depuis notre naissance et dans toutes les classes sociales : la femme de Rothschild elle tient le ménage de Rothschild. D'accord elle le tient avec des domestiques, des valets de pied et tout le Saint-Frusquin, d'accord, elle est une bonniche de luxe avec des diams, des fourrures et des yachts mais pour la définir tu n'as rien d'autre à dire que « c'est la femme de Rothschild », comme on dit « c'est la femme du plombier ou la femme du chef de rayon », c'est ce qui la définit la femme de Rothschild, d'être la femme de ce monsieur.

Bon, fermons la parenthèse femme riche. C'était pour dire que toutes les femmes savent que sous leur beauté elles doivent avoir des qualités ménagères importantes, essentielles. Et quand elles ne se sentent pas vraiment laveuse, raccommodeuse ou nourrice elles rajoutent une couche de rouge ou de noir ou de bleu, elles moulent encore un peu plus leur cul dans leurs jupes et leurs nichons dans leurs chandails. Elles font ça même quand elles ne se sentent pas vraiment baiseuses. C'est un comble ! Je ne sais pas combien de femmes j'ai rencontrées, fringuées comme des princesses, maquillées comme des actrices, avec des allures de stars et des voix à faire jouir des cadavres, et qui n'avaient jamais ou presque jamais joui dans leur vie, qui n'aimaient pas faire l'amour.

Oui, la coquetterie est un formidable attrape-couillon qui berne les hommes mais qui nous berne nous aussi.

Au moins pour les Américaines c'est clair : leur coquetterie veut dire qu'elles ont assez d'argent pour s'acheter la panoplie, la boîte à outils, le fourniment de la belle femme.

Annie : C'est intéressant parce que ce sont deux formes d'aliénation. Mais on ne peut pas dire qu'une de ces aliénations est meilleure que l'autre. La femme américaine affiche le statut social de son mari, la femme française, elle, affiche les qualités de baiseur de son mari.

Marie : Bien sûr. Et c'est aussi mensonger. Tous les

Américains ne sont pas riches et tous les Français ne font pas bien l'amour... Le seul sens de ces chienlits c'est qu'elles sont l'expression du puritanisme et du catholicisme, ces deux religions qui sont les bases de nos capitalismes respectifs. Deux femmes, deux religions, deux variations sur un même thème : posséder. Pour les femmes, dans ces deux sociétés, le boulot c'est de posséder l'homme. Et il faut qu'elles y mettent le paquet, parce que l'homme ça vaut cher.

Et si nous parlions du désir, du plaisir, du jeu. Jusqu'où pouvons-nous aller sur ces chemins ? Car ce sont des domaines réservés aux hommes.

Annie : La jouissance ?

Marie : Les chemins qui mènent à la jouissance : le plaisir, le désir, le jeu. Est-ce qu'on en a jamais parlé au féminin ? Peut-être qu'il n'y a pas de désir féminin. Peut-être que la condition féminine telle que nous la vivons engendre un désir qui est complètement sophistiqué. Est-ce que nous sommes capables d'un désir, d'un plaisir, d'un jeu qui soient différents de ceux des hommes ? Est-ce que lorsque nous jouons, nous désirons, nous jouissons, nous ne le faisons que pour attraper l'homme ou pour singer l'homme ? Y a-t-il dans tout ça quelque chose qui nous soit vraiment propre ? Ça n'a jamais été exprimé. Est-ce que les conduites féminines de la séduction sont telles parce que c'est notre nature de jouer comme ça ou bien est-ce qu'elles sont telles parce que les hommes ont voulu que nous jouions comme ça pour leur plaire ?

Annie : Je crois que les femmes ont parlé de leur plaisir, de leur désir, mais toujours dans les limites de ce qui était permis. Je pense à Colette qui a parlé de façon extraordinaire de son plaisir et de ses désirs mais

148

toujours à l'intérieur des frontières de l'avouable. Elle le disait de façon étrange, étonnante, mais, en même temps, ça restait ce qu'il était permis de dire.

Marie : Mon premier livre a été l'aube de ma naissance, de ma guérison. Je me suis aventurée dans ces premières pages blanches comme une femme perdue dans le désert trouverait la trace de l'eau. Avec une joie indicible et aussi avec une inquiétude, une anxiété très grandes : et s'il n'y avait pas d'eau ! Et si je me trompais ? C'est un des événements les plus importants de ma vie, ce premier livre, peut-être même l'événement le plus important. Eh bien je me suis rendu compte que cet acte capital je le faisais aussi, au deuxième degré, pour récupérer Jean-Pierre que ma maladie avait éloigné de moi. Je racontais une histoire d'amour avec un homme qui n'était pas lui et, pour finir, je lui ai dédié le livre. Et ça a marché.

Quelle perversité dans tout ça. Est-ce que je suis perverse ? Ou bien la perversité fait-elle partie du jeu que les hommes exigent de nous ?

On a raison de dire : « Heureux comme un poisson dans l'eau. » Moi, quand je vais chez Karl je suis heureuse comme aux temps bénis où je nageais six heures par jour. Je sais par cœur la route de sa maison, elle me porte. Il y a des chemins marins que je connais par cœur. Je fais la planche...

Les nuits de Paris nagent autour de moi. Dans les rues à terrains vagues elles nagent lentement : une lumière, l'ombre, une autre lumière, encore l'ombre, c'est l'indienne, une main qui monte à la surface de temps en temps, efficace, satisfaisante.

Je viens, Karl, je viens ! O ma mer, ma grande mer.

Aux carrefours elles nagent comme des folles : les enseignes lumineuses, les vitrines des magasins, les réverbères, les feux rouges et jaunes et verts. Ce sont les jambes et les bras du crawl qui battent, qui barattent vivement.

Je viens tout de suite mon Karl, j'arrive ! O ma mer bleue, tiède, douce.

En allant chez toi il y a aussi la brasse puissante et classique des avenues et le lourd papillon des boulevards.

C'est tout de suite fait, Carlito, je suis à ta porte ! O ma plaine liquide, ma bien-aimée, ma tremblante, mon ondoyante, ma fille, comme tu es belle !

Claquer la porte de la voiture dans la nuit droite, très haute, qui enjambe les maisons. Traverser une cour et puis une autre cour et commencer enfin l'ascension péremptoire. Les onze étages tournent autour de la rampe étroite. Tournent, tournent, de plus en plus doucement, jusqu'en haut, jusqu'à la porte close et accueillante. J'ai du mal à respirer, mes poumons sont douloureux. Si je me laissais aller je soufflerais comme un animal.

Jamais je ne dis un mot à Karl quand il m'ouvre la porte : il ne sortirait de ma gorge qu'un râle, un bruit de machine affolée. Je passe devant lui. Il dit :

« Bonsoir toi, ça va ? »

Je ne réponds pas, je grogne un peu pour dire que ça va bien, merci. J'entre dans l'atelier, je m'affale sur le lit et, la tête dans l'oreiller, je retrouve le rythme de ma respiration. Karl s'est assis auprès de moi, il caresse mon dos doucement, comme il faut.

« Tu vois ton Karl comme il habite haut. Tu sais combien il y a de marches pour arriver chez lui ?

— Je ne veux pas le savoir. Si tu me le dis je ne viens plus.

— Je vais te le dire et tu viendras quand même. Il y en a deux cent soixante-dix-huit.

— Oh ! là là là là là !

— Tu viendras quand même ?

— Oui.

— Finalement, je crois que tu l'aimes ce pauvre Karl.

— C'est possible. J'espère que non.

— Pourquoi ?

— Parce que l'amour, pour moi, ça a toujours été malheureux et j'en ai marre d'être malheureuse.

— Tu seras malheureuse si tu le veux. Le malheur vient quand on l'attend. »

Je le laisse parler. Tout ce que dit Karl je le sais. Ce sont des choses dans le genre : « Tant va la cruche à l'eau qu'à la fin elle se casse. » Ou bien : « Qui s'y frotte s'y pique. » Ou : « Pierre qui roule n'amasse pas mousse. » Il les vit, moi pas : c'est un paysan. Je sais tout ça, comme je sais qu'il y a vingt-quatre heures dans une journée et trois cent soixante-cinq jours dans une année. Ça n'a qu'un sens théorique pour moi. Pour lui ça a un sens pratique, c'est ce qui règ sa vie.

Je le laisse calmer mon essoufflement, je laisse sa main ouvrir largement mon dos à la nuit, aux lumières, à la mer...

... Il y a des chemins marins que je connais par cœur.

Aoued parle. Je l'écoute. La chaleur et le soleil entrent rectangulairement par l'ouverture rectangulaire de l'entrepôt à sulfate. Aoued et moi nous sommes assis sur deux sacs bleus, verts, turquoise, à l'ombre, au-delà du plus long côté du parallélépipède rectangle de lumière, comme au bord d'un fleuve incandescent. A l'abri de ce qui blesse, de ce qui rend la vie impossible à trois heures de l'après-midi : la fournaise du ciel qui pâlit tout, la terre est grise, le ciel est blanc, les arbres sont beiges. Il dit :

« Monsieur Pierre il est gentil.

— Oui.

— Il a dit : les ouvriers de l'année dernière ils passeront les premiers.

— Oui.

— Ça c'est bien. Parce que si les ouvriers de l'année dernière ils reviennent travailler cette année pour les vendanges, c'est parce qu'ils aiment travailler ici.

— Oui.

— C'est parce que la mère à Monsieur Pierre elle est gentille et tout le monde il la connaît.

— Oui... Dis, Aoued, pourquoi tu tricotes plus tes chaussettes ?

— Maria, moi je tricote jamais pendant les vendanges. Y a trop de travail. »

Il arrache les plus grosses plumes du croupion des oies, il les ébarbe presque jusqu'au bout et il en fait des aiguilles avec lesquelles il tricote la laine brute filée par sa mère. Il en naît lentement des chaussettes raides comme des tuyaux et qui sentent le suint. Une maille à l'endroit, une maille à l'envers. C'est Aoued qui m'apprend à tricoter. Moi, j'ai des aiguilles normales, rouges. Aoued les admire. Elles marchent aussi bien que les plumes des oies avec leur pompon blanc au bout. Ce sont des flèches paisibles.

« ... Tourne-toi, Maria. »

Karl défait un à un les boutons de mon manteau, les

agrafes, les pressions, les fermetures Eclair de mes vêtements, toutes les attaches. On largue les amarres !

... Comme vous êtes loin mes grappes mûres des vendanges, bleues de sulfate et de sang, dorées de soleil. Il en arrive des pastières pleines à la cave. C'est Youssef qui les foule aux pieds. Les grappes jaunes, les grappes mauves. Ça lui fait des bas rouges qui montent jusqu'à son pantalon roulé au-dessus des genoux. Il m'appelle pour que je vienne danser avec lui dans le jus du raisin :

« Ma-ri-a. »

... Ma-ri-a.

« Oui. Oui. »

La main de Karl s'arrête au creux de l'estomac, là où la peau est bien lisse et souple.

... Les mouches s'amusent dans le parallélépipède rectangle aveuglant. Elles bourdonnent.

« ... J'aime bien tes seins.

— Tu es fou, ils sont affreux, ils tombent.

— J'aime tes seins, ils sont beaux, ils sont lourds, ils ne tombent pas. »

Cette grande main calme, douce. Cette grande jambe dure, parfaite, repliée sur mon ventre.

... Elles bourdonnent, bourdonnent. Pas toutes sur le même ton. Elles bourdonnent en volant : des vols rapides, brefs. Dès qu'elles sont posées elles se mettent à leur manège véloce : les pattes nettoient les ailes et puis la tête et puis recommencent. Des quantités de petites pattes spatulées et agiles. On dirait qu'elles mettent et enlèvent un chandail invisible. Sans arrêt, sans arrêt. Il fait chaud. Aoued parle par moments.

« Barisian il t'aime.

— Il est gentil... Pourquoi s'appelle-t-il Parisien ?

— Parce que son père il a fait la guerre. Il est allé à Baris. »

Parisien a la peau blanche et les yeux verts. Il a les cheveux blonds. Il porte un grand chapeau avec des pompons rouges et orange et des morceaux de cuir cousus sur la paille.

C'est l'heure de la sieste, ça sent le sulfate, la poussière...

... Les cheveux de Karl sont doux. Sa nuque est douce. Ses épaules sont douces. Son ventre est doux. L'intérieur de ses cuisses est doux aussi. Toute cette douceur me pénètre, me calme, me rend heureuse. Je m'étire, j'ondule, je m'épanouis.

... Les petites vagues bordées d'hermine viennent vers moi et puis repartent en emportant un peu du sable qui est sous mes pieds. La mer est coquette. La mer à midi est coquette, mais elle endort finalement. La mer à quatre heures de l'après-midi est directe, elle veut polir ma peau, la vernisser. Elle veut entrer partout en moi. Il faut que je la batte avec mes jambes, avec mes reins, avec mes bras. Elle glisse entre mes doigts, sur mes lèvres, sur mes paupières. Elle est nerveuse, excitante.

J'accepte son jeu, je plonge dans son flot, les membres écartés et déliés, le poitrail en avant.

... Comme Karl est puissant là, au-dessus de moi, en haut des arcs-boutants de ses bras tendus.

Les algues bougent au rythme de l'eau, au ralenti. Leur mouvement est souple et long, et sûr, efficace, ce mouvement ne cesse pas. C'est un mouvement naturel.

« Karl... »

Il plie un peu les bras pour approcher son visage du mien. Il est absorbé par la possession de cette proie si heureuse de se faire prendre. Son regard est trouble. Pourtant il veut savoir pourquoi je l'ai appelé du fond de mon onde bien-aimée : Karl !

« Ja.

— Ich liebe dich. »

Il descend sa tête au creux de mon épaule. Ses lèvres effleurent mon cou. Il me donne son front avec une douceur infinie, d'autant plus émouvante que le reste de son corps est dur, batailleur. Il murmure très bas, très lentement :

« Ma-ri-a... Je... t'aime. »

L'eau s'engouffre dans les rochers en pétillant, en bondissant. Elle apporte dans son flux l'odeur des pins et des figuiers qu'elle troque, dans son reflux, contre l'odeur des algues et des coquillages. C'est un mélange nécessaire.

Aoued dit :

« Pour la fête des vendanges, c'est encore Barisian qui dansera cette année. »

Quand Parisien danse il se laisse prendre par le rythme jusqu'à devenir le rythme même et, à cet instant, il s'écroule sans force, inconscient, endormi dans la contemplation du mystère qu'il a découvert et auquel il a participé un court instant. Son corps blanc est étendu tout de son long sur la terre rouge à laquelle il appartient.

Annie : Peux-tu me parler de ce que c'est, pour toi, écrire quand tu vis un événement amoureux ?

Marie : Pour qu'un événement amoureux ne m'empê-

155

che pas d'écrire il faut qu'il entre dans ma norme, qu'il me laisse libre, qu'il ne me change pas.

Annie : Ta norme ce serait quoi ?

Marie : Ce serait purement et simplement, la disparition de l'homme tel qu'il est vécu, celui qui fait de moi une femme telle qu'elle doit être. C'est-à-dire la disparition de la virilité et de la féminité. Si je veux entrer dans le jeu de la féminité il faut que je compose un personnage, il faut que je m'abandonne pour trouver la femme. Donc je ne suis plus libre, donc je ne peux plus écrire. Je ne supporte pas la vie banale, normale, du couple. Ce qui ne m'empêche pas de penser que deux êtres libres peuvent former un couple.

Annie : Alors tu voudrais un couple qui ne soit pas un couple.

Marie : Le couple, c'est le sujet de mon prochain roman, c'est un sujet qui me passionne. Je ne crois pas au couple monsieur-madame, ou homme-femme, ou mâle-femelle, tel qu'on le comprend dans notre société. Pourtant je crois au couple mais différemment.

Annie : Je constate que tu t'embrouilles sur le réglé et le déréglé, sur le normal et l'anormal. Tu dis « je voudrais que ça devienne normal » et quand tu dis ce que c'est que le normal, c'est complètement anormal. Il faudrait que ce soit un couple, un homme et une femme, mais que ce ne soit pas un couple. Qu'il n'y ait pas d'homme, qu'il n'y ait pas de femme.

Marie : C'est exactement ça. Nous en revenons au vague qui me satisfait et en dehors duquel je ne crois pas que nous puissions avoir une véritable existence.

Tous ces mots : couple, normal, anormal, sont à redéfinir, à repenser. Il faudrait les enrichir, les élargir, ne pas les laisser se scléroser dans la pensée morte qui est la nôtre en ce moment.

Si tu me dis qu'un homme et une femme ne forment un couple que s'ils vivent quotidiennement leur existence, que s'ils ont des problèmes matériels ensemble, s'ils ont des enfants ensemble, alors je ne suis pas d'accord avec toi. Je pense qu'un homme et une femme peuvent former un couple en dehors de la quotidienneté, en dehors des enfants, des tâches matérielles et de l'argent.

Annie: C'est le mot couple qui me gêne. Ce serait bien de vivre comme tu le dis mais je n'emploierais plus le mot couple.

Marie: Pourtant je trouve que c'est le mot qui convient. C'est que je ne vis pas comme toi. Toi tu vis tous les jours de ta vie avec ton mari, ton enfant, dans ta maison. Moi je suis mariée depuis plus de vingt-trois ans, avec un homme qui vit à six mille kilomètres de moi, duquel j'ai trois enfants et cela ne nous empêche pas d'être un couple et même un couple très uni. Ce qui ne m'empêche pas non plus de former des couples ailleurs, moins importants, avec des choses et des gens, avec d'autres hommes même. Je pense qu'un véritable couple ne peut exister que dans la liberté. Chaque union doit être un choix, sinon ce n'est pas une union. Quant aux unions saintes ou aux unions dans le sacrifice alors ça c'est de l'hypocrisie, c'est sordide, c'est à l'opposé du couple.

Annie: Il y a en toi une oscillation perpétuelle entre une subversion par rapport à la norme et un désir d'ordre. Mais ce vague et cette liberté que tu sollicites, ce n'est pas vivable, ce n'est pas durable.

Marie: Tu penses bien que je ne suis pas d'accord

157

avec toi puisqu'il y a un quart de siècle que je vis comme ça et que plus ça va mieux c'est. Je parle de mon couple avec Jean-Pierre.

Mais je sais que remettre le couple en cause est une action extrêmement subversive. Remettre en cause le couple ce n'est pas seulement remettre en cause la vie des hommes et des femmes, c'est aussi remettre en cause la famille, c'est surtout remettre en cause la société. Vouloir changer le couple c'est vouloir la révolution.

En France, quand on n'est pas capitaliste on est communiste. Comme s'il n'y avait pas d'autre solution ! Je t'assure que lorsque je pense au couple que je forme avec Jean-Pierre, solide, dynamique, je sens qu'il existe une révolution différente de celles auxquelles on a l'habitude de se référer. Nous travaillons, nous avons élevé trois enfants, nous sommes donc cinq, nous avons beaucoup d'amis, nous aimons le pain, le beurre et le fromage, et le vin et l'amour. Aucun de nous cinq n'est allé en prison, n'a sombré dans la folie, n'a fait faillite, n'est mort de faim ou de froid, nous avons des vêtements convenables, nous habitons des lieux clairs, nous ne sommes pas mangés par la vermine. Et pourtant nous vivons totalement en dehors du couple et de la famille traditionnels.

Annie : Théoriquement c'est possible, rien ne s'y oppose.

Marie : Pourquoi dis-tu théoriquement seulement, alors que je le vis pratiquement ? Il y a vingt-trois ans que je suis mariée avec un homme que je connais, en fait, depuis vingt-six ans et je peux t'assurer que nous formons un couple, un vrai couple bien que nous soyons séparés par un océan, que nous ne nous voyions que quelques mois par an et que nous formions séparément

158

des couples annexes avec des idées, des objets, des gens. Mais ces couples annexes n'ont, pour l'instant, jamais pris le pas sur le couple central que nous formons nous deux, lui et moi. Je peux même dire que notre couple se nourrit et s'enrichit des couples annexes formés en dehors de lui. Il y a sans cesse de l'eau pour faire tourner notre moulin.

Pour moi, la bonne définition du couple est celle qui est donnée par la physique : deux forces contraires qui s'appliquent à un vecteur fixe. Qu'est-ce qui se passe quand une des forces est plus puissante que l'autre ? Qu'est-ce qui se passe quand les forces sont égales ? Et quand les forces au lieu d'être contraires vont dans le même sens, il n'y a plus de couple. Quand une des forces disparaît il n'y a plus de couple non plus.

Au départ de n'importe quel couple il y a toujours deux forces contraires ou, si tu veux, différentes. Comment faire pour que le couple Monsieur-Madame dure ? C'est ça le problème. Car ce couple Monsieur-Madame donne la famille et nos sociétés sont construites sur la famille. C'est grave.

Comment faire donc pour que le couple dure ? Il faut que les forces restent différentes et d'égale puissance. On nous a donné des trucs pour que ça dure : les enfants, l'amour, l'argent, les possessions communes. Tout ça ne vaut pas un clou. Je veux dire qu'aucun de ces éléments, en soi, n'a fait durer le couple. Alors qu'est-ce qui le fait durer ? Il n'y a que le désir des deux forces de le faire durer qui soit efficace. Comment faire pour entretenir ce désir ? Dans la majorité des couples qui m'entourent ce désir n'est entretenu que par l'habitude, ou la coquetterie, ou la jalousie, ou l'intérêt, ou le goût d'une des deux forces de vaincre définitivement

159

l'autre force. Aucune de ces solutions ne me plaît, je peux même dire que je les rejette absolument. Et pourtant il y a plus de vingt-cinq ans que ça dure.

Nous avons pris le départ comme tout le monde et je crois que notre barque aurait coulé rapidement ou serait allée s'enliser dans la baie de l'ennui mortel si je n'avais eu une grande horreur du divorce (parce que j'ai vécu très mal celui de mes parents) et si je n'avais eu, au contraire, une volonté farouche de former une famille semblable à celle dont j'avais manqué et que je n'ai cessé d'imaginer, une famille chaude, gaie, inventive, gourmande, accueillante.

Le bateau, une fois les enfants nés, a bien failli disparaître corps et biens dans la mer de l'angoisse, celle de ma maladie. Jean-Pierre a fait alors ce que jamais le capitaine d'un navire ne doit faire (car il était le capitaine ; il ne nous était jamais venu à l'idée qu'il puisse en être autrement) : il est parti. Il m'a laissée seule avec les enfants ; de quoi faire sangloter dans les chaumières. Je suis donc restée, capitaine-folle, à barrer un bateau qui prenait l'eau de partout. Mais j'étais capitaine quand même. Et je savais que, de la berge, Jean-Pierre me regardait faire. Si le bateau était parti par le fond il l'aurait laissé partir. Mais le bâtiment a survécu et quand Jean-Pierre est remonté à bord nous étions deux capitaines d'égale compétence.

La présence visible ou sensible de leur père sur la berge a toujours rassuré les enfants. Quant à ma navigation délirante ils n'ont pas su qu'elle était telle, ils croyaient que c'était ça la navigation. Maintenant qu'ils sont adultes ils disent qu'ils ne se sont jamais sentis en perdition et qu'il y avait même des moments vachement marrants... et d'autres où ils me sentaient lasse...

Nous, ce que nous avons compris, c'est que, dans un couple, il ne faut pas qu'une force empêche l'autre d'exister au nom des sacro-saints principes du couple qui lui vont comme un tablier à une vache. Des principes dans le genre : c'est l'homme qui commande. C'est la femme qui élève les enfants. L'homme a besoin de libertés pour équilibrer le travail harassant qu'il fournit afin de nourrir tout le monde. La femme n'a pas besoin de libertés parce que, par nature, elle n'a besoin que d'un seul homme et que, par ailleurs, elle est comblée par ses enfants. C'est la femme qui a soin du ménage parce que, par nature, elle est apte à ça tandis que l'homme n'y est pas apte du tout. La nature est bien faite, il ne faut pas la contrarier... Nous, nous avons commis le sacrilège de la contrarier et nous nous en sommes bien trouvés, c'est le cas de le dire.

Je crois que le charbon ou le vent qui fait avancer le bateau du couple Monsieur-Madame ou Madame-Monsieur ce sont tous les couples que le Monsieur ou la Madame forment à l'extérieur du bateau et qu'ils ramènent à bord. La cargaison du bateau-couple, sa richesse, ce sont toutes les expériences faites individuellement qui sont ensuite mises en commun.

Veux-tu me dire avec qui est mariée la dame qui ne supporte pas que son mari fasse tomber sa cendre sur la moquette ? Avec son mari ou avec sa moquette ? Quels sont les véritables enfants de la dame qui ne supporte pas le désordre ? Ses meubles, son linge, ses objets, ou les petits êtres humains qu'elle a mis au monde ? Ce qui serait intéressant ce serait qu'elle admette d'abord l'importance capitale de ces accessoires, et qu'elle essaie ensuite de comprendre ce que c'est pour elle, au fond, sa moquette, ses meubles, sa vaisselle. Si elle faisait cette démarche elle découvrirait une femme qu'elle n'a jamais rencontrée : elle-même. Une femme avec ses propres désirs, ses propres goûts, ses propres élans, sa propre créativité, ses propres défauts et ses propres qualités et non pas les défauts et les qualités de la femme. C'est explosif !

Il arrive souvent que dans ses « petits » travaux une femme entrevoie une porte d'elle-même. Ce qu'elle sent, quand elle essaie de l'ouvrir, est tellement vertigineux que, la plupart du temps, elle préfère la fermer. Ma grand-mère disait souvent, elle qui occupait plusieurs heures de chacune de ses journées à des travaux d'aiguilles : « Ah ! si nos tricots pouvaient parler ! »...

Les femmes sont enfermées, bâillonnées dans leurs tricots, leurs aspirateurs, leurs ragoûts, leurs lessives, leurs canaris, leurs bouquets, leurs repassages et leurs raccommodages... Toutes choses secondaires.

Moi, je ne les trouve pas secondaires. Je voudrais qu'elles les ouvrent, qu'elles les décortiquent, qu'elles disent la sagesse qu'elles y ont rencontrée, la sagesse et aussi la science, le plaisir, le drame, le jeu.

Mais, à ce compte-là, que devient le couple ? Il éclate. A moins que les deux forces du couple ne s'attellent à ce travail. Chaque couple a sa manière. Une seule chose est certaine c'est que, s'il sort un couple de cette œuvre, ce sera un véritable couple mais ce ne sera pas un couple orthodoxe, tel qu'on l'entend dans nos sociétés, et il ne créera pas une famille traditionnelle. Ils seront un vrai couple mais un couple subversif, révolutionnaire.

D'autant plus que les hommes devront trouver de leur côté ce qui les lie à leurs autos, à leurs maîtresses, à leur franc-maçonnerie, à la guerre.

Ça fera un beau méli-mélo ! Beaucoup le pressentent

mais abandonnent avant même de commencer et se contentent de faire un ménage comme tout le monde, c'est-à-dire un enterrement de première classe qui dure trente ans, quarante ans, cinquante ans !

Pourtant je crois que le couple traditionnel est en train de vivre son agonie car les femmes commencent à comprendre qu'elles existent non pas comme « femmes » mais tout simplement comme êtres humains, des êtres humains qui en ont long à dire.

Pour ceux qui sont contre cette évolution qui, en réalité, sera une révolution, je ne vois qu'un seul moyen à employer : empêcher désormais les femmes d'apprendre à lire et à écrire, les éloigner, par tous les moyens possibles, des mots. Ne leur laisser pour s'exprimer que le vocabulaire du ménage, du nettoyage, de la nourriture. Et encore... C'est trop tard, elles trouveront de nouveau le moyen d'exister grâce à cuire, couper, fermenter, naître, sang, tripes, pourriture, saleté, eau, air, viande, poisson, œuf, sueur, fièvre, vomi, chanson. Et tout sera à recommencer...

Annie : C'est clair ce que tu dis, Marie, et je le conçois mais c'est peut-être l'emploi du mot couple qui est embarrassant parce que tu es très irrespectueuse de son sens traditionnel.

Marie : Je veux l'être.

Annie : Quand tu parles de ce couple possible, ça voudrait dire qu'on pourrait constituer dans une nuit une multitude de couples ?

Marie : Tu vois comment tu parles ! Rien que d'avoir mis le mot nuit en avant on imagine des couples mâles-femelles en train de forniquer éperdument. On peut former un couple avec n'importe quoi y compris avec un amant pour employer un mot qui va avec nuit.

Annie : Mais tu penses quand même qu'il vaut mieux faire un couple avec un amant qu'avec un canari.

Marie : Non, pas du tout, je ne pense pas ça du tout. Un amant, un canari, un ragoût, un tricot, une broderie, c'est pareil. Tout ça c'est un désir de s'exprimer, d'exister. Bien sûr le ragoût c'est mieux vu par la morale que l'amant mais, dans le fond, c'est pareil. Il y a eu toute une période de ma vie, quand j'avais dix-huit, vingt ans, où j'ai adoré broder. Après j'ai eu des amants et j'ai remarqué que j'allais retrouver mes amants comme j'allais retrouver ma broderie. Je retrouve mes pages comme je retrouve mes amants, à part qu'elles me satisfont plus souvent et plus durablement.

Annie : C'est vrai ce que tu dis. J'ai souvent entendu des paroles et des réflexions féminines concernant la vie érotique, qui étaient moins clairement exprimées que les tiennes, mais qui laissaient entendre que les femmes savent et savent depuis longtemps que des relations érotiques ne sont pas exclusives d'autres relations.

Marie : Elles le savent et je t'assure que les hommes ne veulent pas savoir qu'elles le savent. C'est que leur virilité en prendrait un mauvais coup. Et Dieu sait que leur virilité les embarrasse autant que notre féminité nous embarrasse. Seulement la féminité c'est un bagne tandis que la virilité c'est un trône. C'est plus facile de vouloir se débarrasser d'un bagne que d'un trône. Même si c'est un trône percé !

Annie : La liberté d'une femme menace terriblement un homme. Il a besoin que le lien qui rattache la femme à lui soit un lien très serré, à la limite un lien qui fait mal. Un homme m'a avoué qu'une fois je lui avais dit une chose terrible, je lui avais dit : « Tu ne m'as jamais fait souffrir. »

164

Marie : J'ai une anecdote semblable. Au début de notre vie commune Jean-Pierre m'a demandé pourquoi je m'étais mariée avec lui et je lui ai répondu, après avoir bien réfléchi : « Parce que tu ne me déranges pas. » Et aujourd'hui, au bout de tant d'années, quand il y a un conflit entre nous il me ressort à chaque fois : « ... D'ailleurs tu as dit un jour que je ne te dérangeais pas. Ce qui veut dire que je n'existe pas, que tu te fous complètement de moi. »

Annie : C'est ça... On pourrait se demander si les pratiques sadiques ne sont pas un vœu désespéré de possession : « Je ne peux pas réaliser une possession de l'ordre de l'amour. Mais il peut y avoir une substitution et dans le moment où elle souffrira elle m'appartiendra. »

Même chez les hommes conscients d'un certain nombre de choses il y a encore un tel impact de l'idéologie virile que c'est par là qu'elle s'exprime ; ils ne peuvent pas se débarrasser de ça.

Marie : Remarque que les femmes aussi font souffrir les hommes. Mais une femme qui fait souffrir un homme c'est une salope, tandis qu'un homme qui fait souffrir une femme c'est un homme.

Pour en revenir au couple traditionnel il me semble que la meilleure illustration de ses effets catastrophiques c'est une émission qui passe à la radio.

Il s'agit, pour les animateurs de cette émission, de faire venir un couple en studio, de le séparer et de poser à la femme, par exemple, pour commencer, une série de trois questions sur le comportement éventuel de son mari dans une situation donnée. Dans le genre : « Votre mari se fait accoster par une femme de mœurs légères. Pensez-vous que votre mari suivra son chemin après avoir écarté la femme ou bien qu'il s'arrêtera et parlera avec elle avant de repartir ou bien qu'il la suivra dans un hôtel de passe... » « Ce sont des questions embarrassantes », m'a dit une fois un chauffeur de taxi qui écoutait attentivement sa radio tout en conduisant. La femme doit donner une réponse qui tendra à prouver qu'elle connaît bien son mari, elle dira : « Mon mari agira de la première manière, ou de la seconde manière, etc. » On fait alors entrer le mari, on lui pose les mêmes questions et il devra répondre : « Je ferai ceci ou cela. » Puis on refera le même jeu en sens inverse c'est-à-dire qu'on fera sortir la femme et on posera des questions au mari sur le comportement de sa femme. Finalement, s'ils ont répondu de la même manière à toutes les séries de questions, — toutes faites sur le même modèle vicieux que celui que j'ai donné — ils seront déclarés publiquement un bon vrai couple et ils gagneront mille ou deux mille ou cinq mille francs, je ne sais plus.

Comment un tel jeu peut-il exister ? Car si le couple est un vrai couple et qu'il vient là pour gagner un peu d'argent parce qu'il en a besoin, l'homme et la femme n'ont qu'à convenir d'avance qu'ils prendront la seconde réponse de la première série de questions, la première de la seconde série, etc. Quitte à passer pour des vicieux ou des malhonnêtes. Qu'est-ce que ça peut faire, puisque eux-mêmes savent que ce n'est pas vrai et que ce qui les intéresse c'est d'empocher les quatre sous qui leur rendront la vie meilleure.

Annie : C'est vrai. Tu as raison. Ce qu'il y a de drôle c'est que j'ai souvent écouté cette émission, que j'ai toujours pensé qu'il devait y avoir un moyen de tricher et que je n'ai jamais pensé à cette solution.

Marie : C'est une solution où tu prends le risque de

passer pendant un quart d'heure pour un homosexuel ou une lesbienne ou un voleur ou un exhibitionniste. De quoi rire à deux pendant huit jours en dépensant l'argent qu'on a gagné ! Mais les gens qui viennent là, ce qu'ils veulent, finalement, c'est montrer qu'ils sont un couple, un vrai, un dans la tradition, autrement dit un couple exceptionnel. Les gens ont honte de montrer qu'ils ne sont pas un couple classique ou qu'il y a des problèmes dans leur couple.

Où est l'amour dans l'histoire, où sont le jeu, le plaisir, la complicité, tout ce qui fait qu'un couple est vivable ? Tout cela s'envole quand apparaît l'image consacrée du couple.

Si tu connais un homme et une femme qui forment ce que l'on appelle un « bon couple » et que tu essaies de comprendre ce qui les lie, tu découvriras toujours que ces gens vivent en dehors de l'image stéréotypée du couple vers laquelle pourtant tout tend à nous faire aller.

Annie : Il faut bien dire à quel point tu ne dis pas couple quand tu dis couple. Quand on dit couple, on dit toute l'idéologie qui traîne derrière, on dit fidélité, exclusion... Toi, ce n'est pas ça et je comprends ce que tu veux dire. Ça me fait penser à un très beau texte de Camus qui s'appelle *La Femme adultère :* la femme qui, la nuit, quitte son mari et va voir les étoiles. C'est un texte magnifique.

COLONIE, paternalisme, deux mots, frères siamois, qui me hantent, que je rencontre à tout bout de champ. Est-ce la réalité ou est-ce dû à ma nature maladivement obsessionnelle ? Comment savoir où commence l'authentique et où finit le lavage de cervelle, l'anormal, le cultivé, le domestiqué ? Est-il possible, qu'après tous ces millénaires, un être humain parvienne à séparer les deux choses ? Peut-on atteindre le noyau intact, absolument solitaire, parfaitement libre, qui est soi-même ? Peut-on le rencontrer en dehors du rêve, de l'illogique, de l'inconscient, de l'inhumain ? Je ne sais pas.

J'ai toujours comparé la colonisation au couple traditionnel à ce qui en résulte : la famille. Et, de même que je ne connais pas de bon couple traditionnel (ce que l'on appelle généralement un bon couple n'est en réalité qu'une association, une combine, un magouillage ou une entreprise de Pompes funèbres), de même je ne connais pas de bonne colonie.

Pourquoi est-ce que, dans mon enfance, j'ai ressenti la colonisation comme une honte, alors qu'elle m'était donnée comme naturelle et même sainte ? J'étais pourtant du côté confortable, celui des colonisateurs, du côté de la morale et de Dieu. Je croyais tout ce que me disait ma mère, je la savais source de vérité, fontaine de pureté, lac du bien. De sa bouche ne pouvaient sortir que diamants, roses et papillons, comme dans les contes de fées. Mais moi, dans la clarté de l'enfance, je voyais que ce qu'elle disait ne correspondait pas à ce qu'elle faisait, je ne trouvais pas que la vie qu'elle me désignait comme étant la bonne vie, le soit en réalité. Je ne comprenais rien. Il fallait, pour la suivre, me boucher les yeux, le nez et les oreilles, car ce que je voyais, sentais et entendais était injuste, terriblement injuste. Je peux dire que les quinze premières années de ma vie ont été déchirées, saccagées par ça : l'amour que je portais à ma mère, qui traînait la charité avec une obstination de fourmi, et la misère des Arabes qui, disait-elle, était une fatalité, un mal incurable, une malédiction.

La première graine de la contestation, c'est ma mère elle-même qui l'a semée en moi pendant l'hiver 39-40, à Noël. J'avais dix ans.

Pour fêter cette promotion dans l'âge, ma mère avait décrété que je l'aiderais cette année-là à faire sa tournée d'étrennes dans les bidonvilles et les quartiers pauvres. Je devais commencer à apprendre comment se pratique la charité. Car, pour être bien faite, la charité exige une quantité de rites, de gestes, de mots, de mimiques, qui demandent un long apprentissage.

A cette époque de l'année régnait une grande agitation : on sortait des placards et des penderies tous les vêtements et le linge qui n'étaient plus utilisables et dont les domestiques de la maison n'avaient pas voulu car, c'était la moindre des choses, ils pouvaient se servir en premier. Tout ce matériel était astiqué, ravaudé, plié et rangé en tas, avec une étiquette par-dessus : famille

Melkramech, famille Benyaya, famille Gomez, etc. Pendant ce temps-là, à la cuisine, on s'activait à fabriquer des cakes, des gâteaux de Savoie, des galettes sablées. Ça embaumait toute la maison. J'étais aux anges ! Comme nous étions bons chez nous ! D'abord les pauvres et nous ensuite, une fois le devoir accompli.

Le jour dit on empilait les cadeaux dans de grosses panières d'osier qu'on faisait entrer tant bien que mal dans la voiture. En l'occurrence on s'asseyait sur le siège avant, à côté de Kader, le chauffeur de ma grand-mère, que j'adorais, qui en profitait pour me mettre sa casquette sur la tête et me faisait croire que je savais conduire !

Ma mère, au dernier moment, avait rajouté au linge et aux gâteaux les vieux jouets, les guirlandes et les boules défraîchies de l'année passée. Un vrai Noël quoi.

J'étais partie dans la joie et la fierté. Les pauvres je les connaissais bien et je les aimais bien. Les pauvres, pour moi, c'étaient les ouvriers de la ferme qui vivaient dans de petites maisons basses rangées autour de la cour et dont les enfants étaient mes meilleurs amis pendant les vacances. J'allais connaître les pauvres d'Alger, peut-être que je me ferais de nouveaux amis ! J'étais aussi bête que ça quand j'étais petite...

C'était long pour aller de notre quartier aux quartiers des pauvres. Finalement nous sommes arrivés dans un endroit de la ville que je n'avais jamais vu. Un endroit effrayant, incompréhensible. Ça s'appelait la cité Bobillot. C'était la première cité de H.L.M. construite à Alger.

A peine sortie de l'auto j'ai été prise par une vague envie de vomir. Il y avait devant moi de hauts immeubles

170

gris, aux fenêtres serrées, disséminés sur les flancs d'une colline pelée. Ils se dressaient dans un ciel immense. Des chemins boueux menaient vers eux, au bord desquels poussait une herbe têtue, par touffes rondes, parmi les gravats, les ferrailles, les brouettes sans bras et les échelles sans dents, épaves des anciens travaux de construction.

Kader portait une panière. Nous marchions devant. Ma mère me tenait par la main et me faisait les dernières recommandations : « Tu diras bonjour bien poliment. Ce sont des gens très malheureux, tu sais. Il faut les aider même s'ils ne sont pas comme nous. » J'avais le cœur serré. Ce lieu me pesait, je n'avais jamais rien connu de pareil, il me semblait que c'était le royaume du malheur dans lequel j'entrais. Ma mère, elle, paraissait à son aise et ça me rassurait.

Première cage d'escalier puante, étriquée, sombre, aux marches ébréchées, aux murs noirs de crasse. « Ne touche pas à la rampe — recommandait ma mère — et ne mets pas tes doigts dans ta bouche, tu prendras un bain en rentrant. » Ça grouillait de microbes là-dedans on pouvait presque les voir. Et, quand une porte s'ouvrait, c'est au galop qu'ils déferlaient vers nous mêlés aux odeurs de cabinets, de friture et de pastilles Valda. Des gens humbles apparaissaient qui nous faisaient entrer dans des réduits pleins de fleurs artificielles, de chromos, avec, souvent, au mur principal, une tapisserie brillante sur laquelle un tigre fléché se mourait dans un ciel jaune et parmi des palmiers noirs ; à moins que ce ne soit un éléphant et même parfois un cerf. On entendait, comme une litanie, des « merci, merci, sarha, sarha... » Ils connaissaient ma mère elle les avait déjà secourus, soignés. Elle connaissait tous les noms de toute la famille et toutes leurs maladies de l'année. Nous partions avec encore des « merci », des « sarha ».

Pour moi ça n'allait pas, car une pensée terrifiante se formulait petit à petit dans ma tête : « Je ne suis pas charitable. » Quel bouleversement ! Mais pourquoi ? pourquoi étais-je si bouleversée, pourquoi est-ce que je n'éprouvais aucun plaisir à donner ? Pourquoi ces pauvres gens me faisaient-ils honte ? D'où me venait cette honte ?

Quand, vingt ans plus tard, dans une mutation torturante, je tenterai de me mettre au monde, souvent reviendront devant mes yeux fermés ces immeubles, sentinelles de la misère, terribles, laids, solides.

Dans mes recherches aveugles, mes tâtonnements hasardeux, ils succédaient, en général, aux périodes blanches, celles où mon inconscient ne livrait rien et laissait ma mémoire comme un écran vide. Pas d'images, pas de mots, rien. Le désespoir : je ne trouverai pas, je ne guérirai jamais. Cette absence d'images et de mots est l'obstacle le plus important que j'aie rencontré. J'avais la sensation d'avoir cassé le fil de la vie, j'étais certaine d'avoir perdu les clefs de l'existence, de les avoir laissées tomber dans le vertige lui-même qui les entraînait, par un lent mouvement en spirale, de plus en plus loin de moi, inéluctablement. Je me voyais perdue, livrée aux désirs, aux volontés, aux colères des autres, traquée, nulle. Je me débattais dans ce néant comme une femme qui se noie se débat dans l'eau qui ne la soutient pas, faisant des gestes fous, brassant le vide, mâchant de l'eau. Jusqu'à ce que cette agitation d'aliénée fasse apparaître des grisés sur l'écran vide de mes souvenirs et, invariablement, naissaient alors des images précises de la cité Bobillot :

« Docteur, je vois des immeubles à bon marché qu'il y avait à Alger. »

Ces images pesaient lourd, elles empestaient, elles ouvraient des charniers.

Surtout la femme squelettique et sa petite fille qu'elle portait au bras, le jour de notre visite de Noël.

Ce qui avait été angoissant tout de suite, c'était le vide de ce logement. Il n'y avait qu'une table sur du carrelage propre, devant une fenêtre sans rideaux par laquelle passait la lumière du nord : froide, bleuâtre, coupante. Moi j'étais là avec mes chaussettes blanches bien tirées, mes bonnes chaussures de marche, mon kilt, mon shetland gris, mon béret écossais, devant une autre petite fille, le premier enfant que je voyais depuis qu'avaient commencé nos lamentables visites.

C'était une petite fille qui ressemblait à un fœtus, avec des couleurs de chair qui a séjourné dans l'eau, encore les bras et les jambes repliés sur eux-mêmes, lovée sur la poitrine de sa mère. Le visage vif, aigu, à moitié caché dans le revers du tablier de ménagère. C'est que, de ce côté-là, il lui manquait l'œil. On voyait, par instants, les paupières enfoncées dans l'orbite au fond de laquelle s'ouvrait un cratère rosâtre.

Dressée comme je l'étais, j'avais immédiatement détourné mon regard, fait comme si je n'avais rien vu : on ne dévisage pas les gens, surtout quand ils ont un défaut. Mais mon cœur battait et mon envie de vomir avait grandi d'un coup.

Ma mère s'affairait, sortait ses paquets, ses bouts de guirlande ternis, une vieille poupée que je n'aimais pas, son gâteau de Savoie... « Merci, oh ! merci madame !... »

« Et elle a quel âge cette petite fille ?

— Elle a dix-huit mois, madame.

— Et elle s'appelle comment ?

— Elle s'appelle Viviane, comme Viviane Romance. »

La femme souriait, elle tentait de porter la petite en avant, pour la faire mieux voir. Mais l'enfant résistait, voulait laisser sa tête en arrière, dans le creux de sa mère, avec un air coquet.

« Et qu'est-ce qu'elle a à son petit œil cette petite coquine ?

— Elle est née comme ça. Y lui manque un œil. Ça fait qu'elle fait de l'œil toute la journée !... Nous on l'appelle la gâcheuse. On en fera une gâcheuse, pas vrai Viviane ? »

Viviane comprenait que sa mère parlait d'elle et disait des choses drôles. Alors elle se trémoussait en cachant sa figure. Elle savait déjà qu'elle avait quelque chose qui n'allait pas par là.

Moi je restais paralysée à regarder mes chaussures cirées. « Gâcheuse » était un vilain mot, un de ces mots parvenus jusqu'à moi par les chemins tortueux du langage.

Les enfants démontrent mieux que n'importe quel discours que les mots vivent, qu'ils sont faits de chair et d'os, de sang et de larmes, de rire et de peur, qu'ils tremblent, qu'ils ironisent, qu'ils sont méchants, ou sales, ou tendres, qu'ils sont les ambassadeurs des goûts, des désirs, des volontés, des doutes de chaque humain. C'est ce que les mots transmettent aux enfants qui, par ailleurs, n'en connaissent pas l'esprit. Le « sois sage » du père et le « sois sage » de la mère n'ont pas le même sens, ils désignent deux sagesses différentes. L'enfant le sait.

Gâcheuse, un mot de l'ombre, un mot du caché, un mot de l'incorrect. Une gâcheuse était une femme qui faisait de l'œil aux hommes dans un but innommable, pour accomplir un acte indescriptible. Un acte qui était cependant en moi, entier, possible. Je soupçonnais que la rigoureuse éducation dont je faisais l'objet n'était entreprise, minutieusement, que pour m'éviter de commettre cet acte dans l'ignominie. Je ne devais, à aucun prix, devenir un jour une gâcheuse. Une gâcheuse c'était le dégoûtant, le vilain, le sale, le cucul.

Et pourtant cette femme disait de son enfant qu'elle serait une gâcheuse et cela faisait rire ma mère ! Comment était-ce possible ? Où était la différence entre cette petite fille et moi ? Etait-ce l'argent qui faisait le partage entre l'échec et la réussite, la honte et l'honneur ? L'argent était-il une récompense ? Comment l'avions-nous mérité ? Notre argent ne se voyait pas, personne chez moi n'en touchait, personne ne travaillait. Notre argent était dans la terre et dans les banques. Comment posséder ? Comment est-ce que ça commence la propriété ?

Je ne comprenais rien mais je flairais quelque chose de louche là-dessous, quelque chose de malsain. On m'apprenait : « Bienheureux les pauvres. » « Tu gagneras ton pain à la sueur de ton front. » « Il est aussi difficile pour un riche d'entrer dans le royaume des cieux que pour un chameau de passer par le chas d'une aiguille. » Et pourtant tout disait que le paradis était à ma portée alors qu'il était fermé à cette enfant pauvre puisqu'elle allait devenir une gâcheuse. Il y avait du mensonge quelque part, de la tromperie. Et, pour la première fois, dans la confusion et le désarroi, j'ai osé douter de ma mère et de ses principes. J'ai compris que j'appartenais à une classe jouissant de privilèges qui étaient, quelque part, contestables.

Pour terminer la tournée nous avons abouti dans une

famille où les enfants grouillaient comme des souriceaux. Vêtus de haillons, ils gigotaient allègrement dans le froid de cette fin d'année. Leur mère a expliqué qu'elle n'avait de vêtements que pour la moitié d'entre eux, si bien qu'ils allaient à tour de rôle à l'école ou jouer dehors. Elle n'avait pas l'air de s'en plaindre vraiment et ça me suffoquait parce que, pour moi, manquer un jour de classe était une affaire importante. Je savais que l'avenir de mon frère et le mien dépendaient en grande partie de notre assiduité dans nos collèges respectifs.

La femme était contente de ce que nous lui donnions. Elle disait : « Ça va faire un vrai réveillon avec ce que j'ai déjà préparé » et, fièrement, elle nous a entraînées dans un coin où, sur un canoun, mijotait un frichti odorant. Elle a soulevé le couvercle de la casserole et nous nous sommes penchées pour contempler quelques minces tranches de viande de cheval qui cuisaient avec des oignons et des olives. J'ai trouvé ça répugnant, ça ressemblait aux tambouilles qu'on préparait pour les chiens de la ferme.

A peine arrivée dehors j'ai vomi. Ma mère a diagnostiqué que j'avais l'estomac creux et que ces visites étaient très fatigantes.

A partir de ce jour, j'ai commencé à considérer nos trains électriques, nos vélos à changements de vitesse, nos poupées marcheuses ou parleuses, un peu comme des objets volés. Je n'ai plus pu bâfrer la dinde et les langoustes comme avant. Les autres étaient là, dans la ville. J'avais deviné que la charité ne pouvait rien faire pour eux et que ma famille cependant ne ferait rien d'autre pour eux.

Marie: Ce Noël m'a tellement frappée qu'encore aujourd'hui la charité, le paternalisme, la démagogie provoquent en moi un écœurement, une révolte qui me donne envie de vomir.

Par exemple, il m'est impossible d'employer quelqu'un pour faire le ménage chez moi.

Ça m'est arrivé dans le temps d'employer quelqu'un. Je me souviens avoir expliqué à cette femme qu'elle faisait un travail que je ne pouvais et ne savais pas faire. Que, par conséquent, ce travail était important, qu'elle était libre de l'organiser comme elle voulait, de prendre des initiatives, des responsabilités. Je faisais de la démagogie, quoi! La femme savait qu'elle faisait le dernier métier du monde et elle n'avait rien à en foutre de ce que je disais. Ça a été catastrophique. Elle s'est mise à faire la bonne et moi la patronne. Je suis repartie dans de grands discours, je lui ai montré mes fiches de paie, j'ai essayé de lui faire croire à l'égalité... Au bout de huit jours elle chipait des petits trucs dans la cuisine, elle carottait sur les heures de travail et moi je faisais la charité en fermant les yeux là-dessus. En une semaine j'avais retrouvé tous les tics du paternalisme. Je ne l'ai pas supporté, j'avais honte de moi.

Et pourtant je me souviens d'une femme qui était venue faire le ménage chez Jean-Pierre au Canada. Je ne sais plus pour quelle raison. On avait téléphoné à une agence et on a vu arriver une femme avec sa Chevrolet. Dans le coffre il y avait tout le matériel nécessaire : balai, cireuse électrique, aspirateur, produits divers. Elle est restée deux heures, quand elle est partie c'était impeccable. Ça coûtait très cher mais je n'ai pas eu l'impression d'avoir employé une domestique. C'était une personne qui avait accompli professionnellement un certain boulot. D'ailleurs ce sont souvent des hommes qui font ça, là-bas.

Annie: Le ménage, c'est pas un travail comme les autres. Je crois qu'il n'existe pas de travaux ménagers qui puissent être simplement vécus, ils sont toujours pervertis par le fait qu'ils devraient revenir à la maîtresse de maison. Ce sont les travaux de la femme. D'une part, ce n'est pas considéré comme du travail, et d'autre part une femme qui est payée pour faire le travail d'une autre femme doit penser : « Je fais ce qu'elle devrait faire, elle se débarrasse de ça sur moi, etc. »

Le travail d'une femme de ménage ne serait pas le même s'il y avait, dans l'ensemble de la société, un partage équitable des tâches ménagères. Il y a des choses que j'aime beaucoup faire à la maison mais le plaisir que je prends à les faire est toujours corrompu par le fait que c'est un travail qui me revient, que je dois le faire. C'est un piège.

Marie: Les femmes qui emploient d'autres femmes à des travaux ménagers prennent une responsabilité importante et portent un tort considérable au travail des femmes qui est encore, malgré tous les grands mots prononcés et les discours officiels, un travail sous-payé, déconsidéré, un travail subalterne. Parfois même, dans les périodes de chômage, comme celle que nous sommes en train de vivre, le travail des femmes est pris pour un caprice, presque une faute contre nature, leur nature étant de rester à la maison à faire un travail gratuit... Dans la démagogie actuelle qui tend à donner de la noblesse au travail manuel on ne va tout de même pas jusqu'à mettre ce travail au féminin, ce serait le desservir et pourtant : 52 p. 100 du travail à la chaîne est fourni par les femmes, 75 p. 100 des smicards sont en réalité des smicardes, les femmes composent près de 40 p. 100 de la population active de la France, 59 p. 100 des chômeurs de moins de vingt-cinq ans sont des femmes, 52 p. 100 des demandeurs d'emploi sont des femmes. Le travail se conjugue au féminin, le pays en a besoin, et pourtant il y a de 30 à 35 p. 100 de décalage entre les salaires des femmes et ceux des hommes. Tous ces chiffres c'est au ministère du Travail que je les ai obtenus, et pas dans une association de privilégiées folles de féminisme ou dans un bureau de l'opposition.

J'étais là quand M. Beullac, ministre du Travail, est venu parler aux représentantes des travailleuses françaises. Il avait en main les chiffres que je viens de dire et encore bien d'autres, désespérants, dérisoires, humiliants. Il a commencé à parler un peu agaga-bébête, comme les hommes ont pris l'habitude de parler aux femmes, aux vieillards, aux enfants et aux animaux : « Vous voyez que je suis venu, que j'ai tenu mes promesses de venir, vous voyez qu'il faut faire confiance aux hommes et que d'ailleurs je ne parle pas de travail féminin mais de travail des femmes... » D'un air de dire : je connais vos petites manies et je vous les passe. Puis il a changé de ton devant la froideur de l'assistance et même il n'en menait pas large parce que ce qu'il avait à dire c'était que rien ne changerait avant longtemps. Il n'a pas dit à la Saint-Glinglin mais c'est ce que nous avons toutes compris. Comme il se tirait en vitesse, une fois son discours fini, une responsable d'un grand syndicat l'a rattrapé par la manche au moment où il allait quitter la tribune. Elle lui a demandé des précisions, des dates. Il a été incapable de lui en donner, il n'a pu faire que de vagues promesses. La femme a dit : « J'en doute. » Il a répondu : « Vous avez tort... » C'était minable et décourageant.

Bien sûr, ç'aurait été une belle journée si les travailleuses avaient dit « merci, sahra, merci », mais les bonnes habitudes se perdent de plus en plus de nos jours, nos papas ne sont pas gâtés.

C'est juste. C'est pas juste. Toute ma vie à surveiller les va-et-vient de la justice ! A jauger, mesurer, peser, soupeser, compenser, décompenser... et il y en a de l'eau pour faire tourner ce moulin de ma tête ! Pensez, j'appartiens au sexe féminin, je suis née en Algérie dans une famille de colons et je suis un écrivain (c'est-à-dire que, comme mes confrères, je signe un contrat léonin rédigé en 1917 et susceptible de modifications selon les succès commerciaux remportés par chaque écrivain. C'est ce que nous appelons le coup par coup...) Et encore je n'ai pas à me plaindre, il y en a qui, en plus, sont noires et israélites ! Ce n'est pas par hasard si les vieilles féministes américaines du XIXe siècle mêlaient leur problème à celui des « black people ».

Toujours cette impression que je ne peux pas me reposer, que je dois continuer à parler, à écrire, à témoigner, à revendiquer. Toujours la cause des colonisés, toujours la cause des enfants, comme des amies têtues auprès de moi. Des amies têtues qui sont aussi exigeantes et impuissantes et auxquelles je ne peux pas refuser ma vitalité, ma chance, ma grande gueule.

Bonheur de voir les grandes gueules se multiplier ! Les voix courageuses des femmes qui nous ont précédées et les nouvelles : hardies, intelligentes, inventives. Il me semble qu'il se met à pousser de l'herbe dans le désert, que le discours se fait moins officiel, que nos vrais mots commencent à être entendus.

Je n'en veux pour preuve que la réaction du C.N.P.F. au rapport sur les « Problèmes posés par les conditions de travail des femmes ». Rapport minutieusement et sérieusement fait par le Comité du travail féminin qui dépend du peu révolutionnaire ministère du Travail. Autrement dit je me sers là de sources officielles et gouvernementales.

Je cite donc des extraits des « Observations des représentants du C.N.P.F. » publiées en annexe du rapport :

« Sans mettre en cause en aucune manière la sincérité des témoignages rapportés sous le titre de "L'environnement du travail" comme sous le titre des "Maladies professionnelles", les représentants du C.N.P.F. estiment devoir présenter deux observations :

— La première observation concerne le caractère subjectif de ces témoignages.

....

— La deuxième remarque porte sur le fait que les exemples sont cités d'une manière telle qu'ils semblent représenter une situation permanente.

....

« Dans l'une des entreprises d'alimentation citées, on a relevé la description faite des "cafards et des vers qui se régalent sous les planches à découper".

....

« Dans une autre entreprise d'alimentation, depuis l'utilisation de l'« Isolex 77 », les irritations ont disparu. Aucune de ces ouvrières n'a ''les mains rongées''. Elles sont munies de tabliers imperméables, de bottes doublées en caoutchouc et sont isolées du sol par des caillebotis en matière plastique.

(Je me demande jusqu'à quel point ces femmes devaient être « rongées » pour qu'on ait tant investi dans leur protection...)

....

« En conclusion... des efforts sont faits soit spontanément, soit sur l'intervention des représentants du personnel pour améliorer l'environnement et les conditions de travail et des résultats sont obtenus... »

J'aime bien les mots mis entre guillemets par le rédacteur du C.N.P.F. Ils sont difficiles à entendre, ils culpabilisent plus que les mots techniques, parce qu'ils sont au ras de la vérité, tout proches d'elle. Les « vers », les « cafards » et les « mains rongées » font bouger la montagne, dérangent l'hypocrite discours officiel.

L'hypocrisie nous dévore, nous environne, nous emprisonne. Surtout celle de l'ostensoir-épouvantail de la mère. Il faudra bien que je me mette à en parler !

C'est parce qu'elle est une mère que la travailleuse est souvent absente et que, par conséquent, elle est sous-payée, sous-employée.

C'est pour qu'elle reste une mère que le travail de nuit lui est interdit. Ce n'est pas que les femmes ont envie de trimer la nuit. Personne n'en a envie. Mais c'est mieux payé et les femmes ont envie d'exister. Elles en ont marre des misères. De toutes les misères! Comme les hommes! Et elles savent, justement, qu'elles élèvent mieux leurs enfants quand elles sont hors de la misère.

Le pouvoir fait semblant de croire que la mère c'est toujours la mère du XIXᵉ siècle. Il se trompe.

Pour faire pendant à la mère il y avait le père, personnage à moustaches et à casquette qui tendait son bras arqué afin que la mère s'y appuie. Il protégeait la mère. Il faisait en sorte que l'or des sacrifices de son épouse ne soit jamais terni. Mais le père a disparu, il est parti à la chasse à l'argent et il ne fait plus rien d'autre. La mère reste seule à soutenir la famille, ce qui fait apparaître ses propres tares : elle n'est que seconde, elle ne sait pas parler, sa couronne est en toc.

LE père manque à nos vies. L'homme manque à nos existences. Dans nos bourgeoisies occidentales — qu'elles soient bourgeoisies royales, bourgeoisies populaires, bourgeoisies communistes, ou bourgeoisies bourgeoises — l'homme n'est plus qu'un maître berné et la femme une mère abusée. Les jeunesses souffrent d'être nées de ce couple.

Je ne veux pas plaider pour ces faux maîtres que sont les hommes parce que je ne sais employer que les mots venant de l'intérieur de moi-même qui ne suis pas un homme. Je ne peux donc parler d'eux qu'en spectateur. Je les vois conduire leurs voitures avec plus ou moins de maestria, boire leur « p'tit blanc » au zinc, roter, péter dans la satisfaction du travail accompli, je les ai vus faire la guerre ou se battre dans la rue, je les entends parler aux tribunes de la politique, écouter leurs phrases s'allonger les unes derrière les autres. Je sais comment ils rentrent le soir chez eux pour être servis et aimés. Je connais leurs regards d'envie pour de jeunes fesses ou de jeunes nichons qui font gonfler leurs braguettes. J'ai caressé leur suavité après l'amour. Je trouve leur tendresse aussi précieuse qu'un diamant. J'aime leur odeur, j'aime leurs grandes mains. Je n'aime pas leur prétention, leur aveuglement, leur méprise totale en ce qui concerne les femmes. J'ai pitié d'eux quand je les vois supporter leur virilité. Je les trouve naïfs, ignorants, paumés, comme le sont parfois les nantis ou les rois, lorsque, dans un éclair, ils prennent conscience de la vanité du pouvoir. Je les trouve stupides, méprisables et grotesques quand ils croient à leur supériorité, parce que c'est comme ça.

Je veux parler de la femme, cette mère abusée.

J'en tremble de peur et de colère.

Mère est un mot plein à craquer de sens et d'images, il est prêt à exploser, il est dangereux. Il gronde partout : La mère Michel, notre sainte mère l'Eglise, la mère patrie, la mère de Dieu, la mère du vinaigre, la grandmère, la mère Tapedur, la mémère, la mère supérieure, la mère adoptive, la maison mère, la belle-mère, la dure-mère, la fille mère, la mère Machin-Chouette, la mère-grand, la mère de famille, la bonne mère, la joie d'être mère, ma mère l'oye, la reine mère, la mère gigogne, la mère poule, la mater dolorosa, la mémé, la mama, la maman...

Quelque chemin que l'on prenne, on en arrive toujours à la cellule-mère, cette méduse en perpétuel état de gestation, cet amas aux formes onctueuses et mouvantes que des spasmes font régulièrement accoucher. Ce départ, ce but ! Cet endroit où le mystère devient réalité, là où l'invisible devient visible, là où l'un devient deux, là où la subtilité anime l'épaisseur, là où s'unissent le rond et le long, le creux et l'aigu. Cette beauté. Cette monstruosité. Cette incompréhensible. Cette mi-humaine.

L'humanité repose dans son ventre où se trouve le

sous-marin qui fait la navette entre les eaux des créatures et les eaux des dieux.

La femme est porteuse de ça. Elle est porteuse de tout ça. Elle est porteuse du ça. Comme le drapeau porte un pays. Comme le tabernacle contient Dieu. Comme la balance répartit le poids de la justice. Comme la chandelle donne la lumière. Comme la guitare joue la musique. Comme la fenêtre ouverte fait le vent dans ma chambre... sans s'en rendre compte...

Quand le travail commence, quand la cellule va se diviser en deux, que l'enfant va naître, la femme est possédée par une force supérieure à elle qui prend les commandes de son corps. Elle ne peut pas diriger les contractions qui durcissent son ventre, leur intensité, leur fréquence. Elle ne peut pas prendre de répit.

Et quand les trois ou quatre grosses lames de fond de l'expulsion s'emparent de son bassin, qu'elle sent sa voile dilatée comme un soleil, que sa béance est fleurie comme un gros dahlia, elle est là, la femme, écartelée par qui ? par quoi ? Elle n'en sait rien.

Parviennent jusqu'à elle les mots dérisoires des êtres auxquels elle n'appartient plus. Ils disent : « Vous en êtes à grande pomme, la dilatation est complète, poussez. » Avant, c'était « petite pomme ». Et encore avant « la pièce de cinq francs. » « La pièce de deux francs. » C'est tout ce qu'on a trouvé comme mots pour traduire à la femme ce qu'elle sent mais ne voit pas : les mots du marché, la monnaie, les fruits ! Elle, elle sait que ce n'est pas ce petit commerce qu'elle a entre les jambes, ces mots lui sont insupportables, elle les chasse d'un mouvement de la tête ou du bras, d'une plainte : « Laissez-moi. » Son regard est chargé de l'indicible. Laissez-la ! C'est la vie qu'elle a entre les jambes.

Elle ne sait pas pourquoi c'est comme ça, pourquoi son corps fait ça, pourquoi ça s'est développé en elle, pourquoi c'est devenu un enfant. Et c'est en ça, en ça seulement qu'elle est différente de l'homme. Toutes les femmes ont ça en elles, qu'elles aient ou qu'elles n'aient pas eu d'enfant. Les toutes petites filles ont ça en elles et les vieilles femmes aussi ont ça en elles.

Est-ce que ça représente une puissance telle que tout ait été mis en œuvre pour la juguler, l'amoindrir, la minimiser, la diminuer cette puissance ? A-t-il fallu la transférer dans un autre domaine, pour que la puissance devienne capacité, pas plus : la capacité de contenir un enfant ? La femme ne serait plus qu'un contenant, une barrique, un tonneau, une chopine, un litron.

Comment cette translation s'est-elle opérée ? Par quel alambic pervers, par quel serpentin la femme a-t-elle dû passer pour devenir la maman ? Aucun livre ne raconte l'histoire de la mère. Il y a des études parcellaires sur le matriarcat en Zambie britannique ou au Kamtchatka, sur la mère de Jules César ou de Louis XIV. Mais personne n'a étudié l'histoire des lois, des sciences, des guerres, des religions, qui ont fabriqué ce monstre occidental : la mère. Personne n'est allé aux racines, au-delà de la loi, de la science, des dieux, des combats. Comment s'est fait le partage ? Je suis certaine qu'on trouverait quelque chose de très simple, quelque chose qui s'apparenterait à l'herbe et à la viande. Quelque chose du genre : « T'as un petit dans le ventre et un autre au sein tu ne peux pas venir chasser avec moi, alors reste ici à cueillir des myrtilles pour le dessert, moi je ramène du sanglier pour tout le monde. » Ce n'est pas qu'elle ne sache pas chasser Mme Néanderthal, c'est qu'elle ne peut pas le faire, embarrassée comme elle l'est par ses petits.

Alors elle reste là, elle « sacrifie » à ses enfants le plaisir qu'elle prendrait à attraper le sanglier et, faute de mieux, elle « chasse » les myrtilles. Ça devient sa menue spécialité. La gloire des combats, l'humilité de la soupe. Le danger, la sécurité.

Et le pouvoir ? Le pouvoir ! L'homme a le pouvoir de se déplacer et de tuer pour que les autres survivent. Et la femme ? Elle a la puissance (la puissance ?) de procréer. Est-ce une puissance cette œuvre qui se développe en elle sans qu'elle sache pourquoi, sans qu'elle sache comment ?

C'est là que se loge le doute, l'ambiguïté, la fragilité, le vague. Ce serait plutôt ça qu'autre chose, l'éternel féminin, cette puissance qui n'est pas maîtrisable, pas perfectible, cette puissance qui peut n'être qu'une capacité, après tout. « Le sanglier je l'ai tué avec mes muscles, avec les armes que j'ai élaborées, avec ma ruse, avec ma connaissance. Toi, ton herbe tu n'avais qu'à te pencher pour la ramasser. Et ton enfant tu l'as fait avec quoi ? Avec mon sperme, avec l'acte sexuel que j'ai décidé de faire avec toi. » Qu'est-ce qu'on peut répondre à ça ?

Finie la puissance. Finie l'égalité. Gloire aux seuls muscles de la chasse.

Je ne crois pas que ce soit une dialectique beaucoup plus compliquée que celle-là qui, au départ de notre société, a instauré l'humiliation, le clivage écrasant. Je crois que c'est simplement comme ça qu'a été dénaturée, masquée, transférée, déguisée, amenuisée, la formidable et infuse force des êtres humains de sexe féminin.

Après ? Après je ne sais pas les détails, les sursauts. Toute cette machination, ce complot, sont restés dans l'ombre. On n'y touche jamais. Je ne peux qu'imaginer le difficile travail qui a consisté à la fois à enlever toute puissance à la femme et à la parquer dans cette même puissance réduite à la capacité d'enfanter. Puis à faire de cette capacité d'enfanter la gloire de la femme, le sens de sa vie.

La mère est née de cette défaite, de cet échec. La mère, cette sainte, cette suppliciée, cette salope, cette pauvre femme !

La mère est le personnage le plus sophistiqué, le plus artificiel, le moins naturel de notre société. Et c'est cette chienlit qui est le centre de la famille, le fondement de nos communautés. Les mères torturent les femmes, les enfants, et les hommes. Le masque, le costume, le maquillage, le jeu de la mère traditionnelle sont des carcans sacrés qui font souffrir les femmes jusqu'à l'hystérie, jusqu'au désespoir, jusqu'à la folie de la possession, jusqu'au sacrifice inutile, jusqu'à l'hypocrisie, jusqu'à la bêtise, jusqu'à la sécheresse, jusqu'à l'obéissance la plus bornée aux traditions mensongères qui ont fait d'elle ce qu'elle est.

Pour que le fragile équilibre établi par les hommes dure, il ne fallait pas apprendre aux femmes à lire et à écrire. Il n'y a que l'ignorance pour les garder à leur place.

Qui s'instruit, qui apprend, qui comprend, ne peut accepter la comédie, la gigantesque mystification qui entraîne les femmes à jouer la mascarade de la mère.

Impossible de ne pas voir le rôle énorme des mères dans l'économie de notre pays et de ne pas constater en même temps l'incapacité où est ce pays de se passer de leurs services ou de les rémunérer. Les villes ne tiendraient pas. Les immeubles de béton tout neuf ne seraient plus, au bout de cinq ans, qu'infects clapiers si les mères, telles des fourmis, ne les entretenaient minutieusement, cirant, lavant, récurant, lessivant. Les campagnes ne seraient que terrains en friche si les hommes ne trouvaient en rentrant la soupe sur la table, les vêtements secs, la couche chaude. Les enfants mourraient ou deviendraient sauvages si les mères n'étaient là, fixes, accueillantes, expertes à les soigner, à les torcher, à les aimer.

Les mères sont indispensables mais il est indispensable que leur travail soit gratuit car dans la répartition du budget de l'Etat il n'y a pas d'enveloppe pour elles. Y en aurait-il une que l'Etat, tel qu'il est, ne survivrait pas à cette ponction. C'est donc une nécessité politique que la mère reste la mère.

Autrefois, quand les gens, hommes et femmes, vivaient dans l'ignorance et l'esclavage, le partage des tâches n'était pas plus mal fait que le reste. C'était, somme toute, une répartition possible de la misère : le père et la mère également besogneux, attelés à des labeurs également harassants et insignifiants. Cela, tant que l'argent n'était pas là. Tant que l'argent n'avait pas fait du travail ce qu'il est. Tant que ce qui donnait de la valeur au travail ce n'était pas l'argent.

Quand l'argent est entré dans la danse, que l'esclave a été payé quelques sous pour devenir ouvrier, et le valet quelques pièces pour enfiler les manchettes de lustrine de l'employé ou du fonctionnaire — titres de noblesse accordés, dérisoirement, par les bourgeois qui venaient de voler la révolution du peuple — les mères, elles, sont restées à la maison avec la tradition sur les bras, avec l'archaïsme dans le ventre, avec la matière plein les mains, sans argent. C'est alors qu'elles ont compris que leur travail ne valait rien, qu'il ne méritait aucun titre de noblesse.

Autrement dit, à une époque récente, au XIXᵉ siècle, à cause de la poussée industrielle, à cause de l'insatiable attirance des hommes pour l'argent, la vie des mères a été totalement et définitivement dévalorisée.

Je sais que tout cela est simplifié à l'extrême et qu'il y a une étude approfondie à faire des causes de la dégradation de la condition de la femme dans notre société contemporaine. La religion catholique y est pour beaucoup avec son monstrueux modèle : la Vierge-Mère.

« Comment une vierge peut-elle être enceinte, ma fille ?

— Par l'opération du Saint-Esprit, mon père.

— Très bonne réponse, ma fille.

— Donc le Saint-Esprit n'est pas un oiseau, c'est un cochon, mon père.

— Taisez-vous, vous n'avez rien compris, vous serez excommuniée.

— J'ai tout compris au contraire et je me fous d'être excommuniée. Car je trouve plus sain(t) d'être maculée qu'immaculée. »

Ces propos bêbêtes qui me font rigoler — parce qu'il ne m'en faut pas beaucoup pour rire — restent, pour la majorité des femmes françaises, des propos extrêmement subversifs, des propos scandaleux, d'une hardiesse inadmissible. Ce qui m'autorise à dire cela ce ne sont pas des statistiques, des études savantes, des constatations de sociologues, d'ethnologues, de politologues et autres bouledogues, ce sont les milliers de lettres que je reçois et dans lesquelles s'exprime la vierge-mère aux abois, spoliée, affolée, stupéfaite.

Les mères, aujourd'hui, ne comprennent pas comment tout l'amour, toute la peine, tout le dévouement, tout le travail, toutes les nuits blanches qu'elles donnent n'aboutissent qu'à l'ennui désertique des ménages, qu'à la jeunesse chômeuse et désenchantée, qu'à la solitude peuplée de poussière, de canaris et de colifichets.

Tant qu'elle était tenue dans son ménage la mère pouvait avoir l'illusion d'être un personnage important. Mais maintenant que la mère travaille en dehors de chez elle (40 p. 100 de la population active de la France) elle ne peut plus garder ses illusions. Dans les usines, les entreprises et les administrations elle découvre le vrai visage de la mère, le vrai sens du mot mère : une bourrique. Celle qui a naturellement le goût et l'habitude du sacrifice, des tâches ingrates et subalternes, celle qui est disponible, celle dont le travail ne se paie pas en centimes (ces modernes passeports pour la liberté) mais en estime (cette fraude).

Nous ne valons rien !

Mère n'est plus qu'un mot creux, une formule cabalistique pour nous faire rester tranquilles. Voici ce que je lis dans le numéro 215 du *Point*, sous le titre « la Joie lactée ».

« Si vous êtes de ces *mamans* qui ont du lait pour nourrir trois *bébés, jouez* les *nounous* pour des enfants à qui le lait maternel est indispensable. Il suffit pour cela de vous mettre en rapport avec le « lactarium » pour donner votre lait. Une puéricultrice se rendra à votre domicile, vous apportera le matériel nécessaire (tireuse électrique, biberons stériles) et vous en expliquera le fonctionnement. Les biberons que vous conserverez au réfrigérateur, seront ramassés tous les deux jours. Ce lait vous sera payé tous les mois à raison de 24 F par litre. »

Même pas le prix d'un bordeaux moyen et à condition d'avoir un réfrigérateur !

Ce serait intéressant de faire la comparaison avec le prix du kilo de sperme (avec ou sans réfrigérateur).

Le corps de la mère, ce soi-disant vase sacré, ne vaut, en fait, pas un clou. Je me souviens, pendant les débats à l'Assemblée à propos de la loi sur l'interruption de grossesse, d'un député qui était monté à la tribune pour exprimer son mécontentement. Il expliquait que le niveau des discussions en cours était d'une bassesse inacceptable et qu'on atteignait le fond de l'ordure quand on se laissait aller à considérer si l'interruption de grossesse devait se pratiquer à la dixième ou à la douzième semaine. Quelle importance cela pouvait-il avoir !

J'ai détesté cet homme à cause de l'ignorance et du mépris qu'il avait de notre corps. Car ces semaines sont terribles, elles sont épaisses de nos désirs, de nos peurs, de notre amour et de ces interrogations capitales : Ai-je le droit de donner la vie ? Y a-t-il une vie en moi ? Qu'est-ce que vivre ?

Je me demande ce que dirait cet homme si une assemblée de femmes se réunissait pour décider s'il valait mieux opérer les hommes de la prostate quand leur glande est grosse comme une cerise ou comme une mandarine ! Et pourtant il n'est même pas question de la vie dans leur prostate.

Vraiment, la mère n'est plus rien et c'est ce qui la rend mauvaise.

Annie : On dirait que l'analyse t'a mise en rapport

avec ton corps. Comme s'il y avait eu un conflit entre ton esprit et ton corps et que l'analyse les ait réconciliés.

Marie : C'est sûr qu'il y a eu un conflit très fort entre mon esprit et mon corps et que l'analyse a arrangé les choses. Mais, malgré l'analyse, il m'arrive encore d'entrer en conflit avec mon corps. C'est lui qui prend les mauvais coups, je somatise tout. Dès que j'ai le moindre ennui, la moindre contrariété, la moindre difficulté je pique mal au crâne ou j'ai un rhume, n'importe quoi. Seulement, maintenant, j'ai pris l'habitude de me demander : « Pourquoi est-ce que je suis malade ? Est-ce que j'ai une raison d'être malade ? » Alors qu'avant je me laissais aller au malaise.

Je sais que le dégoût de mon corps vient de mon enfance. Ma mère me disait que j'avais de grands pieds, de petits yeux, que j'étais trop cambrée. Elle me disait tout ça parce que, en fait, elle me trouvait jolie et appétissante et elle avait peur que je me serve « mal » de mon corps. Elle croyait que de cette manière elle me protégeait de la luxure... Elle me l'a dit plus tard. Ou plutôt elle m'a dit qu'il ne fallait pas que je fasse trop de compliments à mes filles, que j'allais les rendre coquettes...

Quand j'étais petite j'astreignais mon corps à des examens très durs, au froid, au chaud, je m'habillais de la façon la plus discrète possible. Aujourd'hui je fais de la gymnastique. Et je continue à lui faire porter mes angoisses.

Il y a un événement que je n'ai pas raconté dans *Les Mots pour le dire* parce qu'il était énorme et qu'il aurait peut-être engagé le livre sur une voie que je ne voulais pas lui faire suivre.

C'est quelque chose qui s'est passé à la mort de ma mère. J'ai vécu cette mort avec une intensité extrême.

Quand j'ai appris cette mort j'étais attablée devant des travaux de lecture et de correction commandés par un journaliste. Le téléphone avait sonné dans la pièce mais, absorbée que j'étais par mon travail, je n'avais pas prêté attention à la conversation. Puis la main de l'homme s'est posée sur mon épaule et sa voix, qui est lourde et satinée, avec des reflets clairs sur certains accents, a dit : « Ta mère vient de mourir. » J'ai bien senti la tristesse de commande qu'il faisait passer dans la pression de sa main et dans ses mots. J'ai senti aussi sa contrariété : cet événement qui n'avait aucun sens pour lui allait retarder notre travail. J'ai eu peur de perdre ma place. J'ai fait preuve alors d'une maîtrise virile (qui allait bien avec le texte que nous corrigions) et j'ai dit calmement quelque chose du genre « c'est dans l'ordre des choses » ou « ça devait arriver », sans quitter les pages du regard. Et nous nous sommes remis à travailler.

Les lettres explosaient, les mots chaviraient, les phrases s'étiraient comme des sirènes serpentines, les paragraphes étaient des déserts immenses que je ne parvenais pas à traverser.

Ma mère avait vécu ses derniers mois comme une bête traquée qui cherche un refuge. Elle avait trouvé la mort, c'était bien, elle ne pouvait plus vivre, elle ne voulait plus vivre.

Mais quand même elle était morte ! MORTE ! Ma mère est morte ! Ma mère, cet ourlet de ma vie, cette limite de ma connaissance, cette frontière de mes désirs, cette prison de ma folie. Il fallait cette mort, cette absence éternelle, cette disparition stupéfiante, pour que s'effondrent les murs, se désintègrent les barreaux, s'effritent les barrières qui nous parquaient dans l'enclos de la haine et de l'amour, toutes les deux. J'étais seule, j'étais une, incroyablement, insupportablement. J'étais livrée à la liberté incandescente qui me brûlait de partout.

Et ses mains fraîches sur la fièvre de mes angines ? Et sa voix qui chantait *La Maman du petit homme ?* Et la tendresse de ses joues près de ses oreilles ? Plus jamais ! Elle fleurait la sécurité ma mère, elle embaumait l'amour, comme toutes les mères. Plus jamais ça ? Plus jamais.

Et mon berceau, son ventre, mon commencement, son lait, mon origine, la lumière entre ses cuisses ! Plus jamais ? Plus jamais ! Tout pourri ? Tout pourri, oui.

Encore son corps qui travaille, son pauvre corps usé, gonflé par ma vie, rongé par la mort !

Délivrez-moi d'elle, je ne supporte pas cette souffrance.

Et la haine comme une épée dangereuse entre nous deux ? Et ses mots qui me lacéraient comme un fouet ? Et ses principes qui cisaillaient ma personne pour lui donner un contour convenable ? Et son Dieu saignant mes fautes ? Et ses sacrifices inappréciables ? Et les dettes inremboursables que j'avais envers elle, ses factures énormes qu'elle brandissait : le don de son temps, de sa jeunesse, de ses nuits, de ses plaisirs, de ses talents peut-être ? Fini tout ça. L'addition venait de se régler d'un coup. Sa mort me rendait riche.

Riche et libre comme je ne l'avais jamais été.

Les lettres dansaient devant mes yeux, les a et les p et les w et les e. Je n'arrivais plus à lire. Je faisais mal mon travail... Je me souvenais, au cours de ma première année d'école, je ne parvenais pas à prononcer le gn. L'instituteur m'avait donné des coups de règle sur le bout des doigts à cause de ça. J'avais honte de moi : et si ma mère l'apprenait ? Chaque gn rencontré me faisait transpirer : il fallait que je m'applique, ma mère ne devait pas découvrir ce défaut.

Ma mère était morte maintenant, je n'avais plus à avoir peur que de moi.

Marie : ... J'ai vécu très violemment la mort de ma mère, ça a été une tempête formidable. J'ai refusé d'aller la voir sur son lit de mort, refusé d'aller à son enterrement, refusé d'aller au cimetière. Je trouvais ça idiot toutes ces simagrées. Nous nous étions tellement déchirées, elle et moi. Une personne de ma famille m'a téléphoné et m'a fait des reproches. J'aurais dû venir, tout le monde était là pour la pleurer sauf sa propre fille. Cette absence était une tache pour « nous ». Et d'ailleurs il y en avait pour des millions de fleurs sur sa tombe.

J'ai décidé de rompre tous les liens qui me liaient à ces gens que je ne continuais à voir que parce que ma mère existait. Ma mère morte je n'avais plus rien à faire avec eux.

Les mois passaient et une culpabilité lancinante s'est installée dans mon esprit : j'aurais dû aller au cimetière.

La mort de ma mère a correspondu avec la fin de ma psychanalyse. J'allais bien, je n'allais plus voir le docteur que de temps en temps.

Chaque année au mois de janvier, je fais faire un frottis pour détecter le cancer de l'utérus. Cette année-là je suis allée faire faire l'examen comme d'habitude. C'est une routine qui s'est installée dans ma vie depuis que j'ai eu mon premier enfant. Je n'avais rien de particulier.

Les résultats ont été positifs. On a fait faire le même examen dans un autre laboratoire, puis une biopsie, puis une colposcopie. Il n'y avait pas de doute, j'avais un cancer, tout à fait à son commencement. Ça s'appelle une displasie à noyaux irréguliers.

J'ai eu une peur épouvantable. Mes enfants étaient très jeunes, l'aîné avait treize ans !

J'ai téléphoné à mon psychanalyste pour lui dire que je voulais le voir plus vite que prévu et je me suis amenée chez lui un soir avec tout le dossier de mes examens.

Il a regardé les résultats avec une très grande attention. Ça a pris un bon moment. Moi, j'étais assise en face de lui — je ne m'allongeais plus sur le divan depuis plusieurs mois — et je le regardais faire. Il a fermé le dossier, il est resté un moment pensif puis il a levé son regard vers moi et il a dit : « Vous êtes contente ? »

Ça m'a sidérée. Je m'attendais à tout sauf à ça. J'étais venue là pour qu'il m'aide à combattre ma peur, pas pour qu'il m'enlève mon cancer. Et pourtant, dans la stupéfaction, j'ai compris que c'était ce qu'il venait de faire. Malgré les sept ans d'analyse que j'avais derrière moi, je n'avais pas fait la relation entre la mort de ma mère, ma volonté de ne pas l'enterrer, la culpabilité qui était née en moi de ce fait et ce cancer tout neuf qui me poussait dans le ventre.

Tu sais ce que j'ai fait ? Je me suis mise à rire. Pas d'un rire hystérique, pas du tout, d'un rire qui soulage au contraire. Un rire léger qui m'a détendue, qui était comme une source, comme un bain.

Le lendemain je suis allée au cimetière et trois jours après je suis allée me faire opérer, exactement comme si j'allais me faire enlever une verrue. Je savais que ce que j'avais ce n'était pas plus que ça.

Au cimetière j'ai pleuré comme un veau, je me suis réconciliée complètement avec elle, vraiment, totalement, profondément. J'ai osé lui avouer que je l'aimais, qu'elle me manquait, qu'on avait vécu une vie terrible toutes les deux mais tellement importante !

Une fois de plus j'avais somatisé, j'avais passé dans mon corps la détresse inavouée causée par la mort de ma mère.

Annie : Quand tu as commencé tu as dit : j'ai toujours été en conflit avec mon corps. Comme si ton esprit était en conflit avec ton corps. Or nous savons bien, toi et moi, qu'il n'y a pas d'un côté le corps et de l'autre l'esprit. Puis tu as parlé de ta mère qui était méchante avec ton corps. Comme si, finalement, l'esprit c'était ce qui va contre le corps, ce qui le refuse, ce qui dit non au corps. Quand tu dis que tu as de la chance de somatiser c'est peut-être que, justement, le conflit ne reste pas une abstraction, mais que c'est du corps contre du corps. C'est quelque chose qui s'intériorise parce que c'est la racine.

Tout ce qui tourne autour de ce cancer qui se met dans ton corps au moment où ta mère s'en va, c'est vraiment essentiel. En fait c'est peut-être encore une façon de vivre ce qui te venait d'elle.

Marie : Oui, c'est ça, mon corps c'est ma mère.

Annie : Ou le refus. Ou : je veux encore de cette mère qui est en moi, qui allait contre mon corps et je me flanque un cancer.

Marie : J'ai l'impression que mon corps appartient à ma mère, à la limite à mes parents, et que mon esprit m'appartient. Elle a fabriqué mon corps, je peux fabriquer mon esprit.

Annie : Oui, mais qu'est-ce que c'est l'esprit, sinon le rapport qu'on a avec son corps ? Or ce rapport, ta mère y est pour quelque chose.

Marie : Oui mais je peux agir là-dessus, je peux changer ce rapport, tandis que je ne peux rien faire avec mon corps ; des régimes, de la gymnastique, pas grand-chose.

Annie : Tu te rends compte comme tout cela reste dans l'ordre du conflit. Tu parles de ton corps comme s'il y avait toujours en lui quelque chose qui l'apparente à l'ennemi, qu'il faut dominer. Tu restes belliqueuse avec lui. Tu te présentes bien dans ton corps, il n'est ni rétréci, ni étouffé, ni malingre. Ce qui passe par lui à tes enfants, aux hommes, par exemple, est souverain mais on sent toujours que c'est acquis à la force du poignet.

Il a toujours fallu que tu mènes des combats avec ton corps dont certains ont été périlleux. Au moment de ton hémorragie, quand tu as été près de la mort, tu disais que tu étais heureuse, comme si le combat était fini.

Marie : Oui, c'est vrai, j'ai aimé penser que je n'allais plus avoir à supporter mon corps.

Je suis consciente de ce combat constant, il est le moteur de ma vie. Je crois que j'ai mené ce combat depuis toujours, depuis l'époque où j'étais dans le ventre de ma mère.

Je me demande ce qu'aurait été ma vie si ma mère ne m'avait pas dit, quand j'avais douze ans, qu'elle avait tout fait pour ne pas rester enceinte de moi. Cet aveu a été une révélation formidable. J'ai senti que je m'étais toujours battue pour exister dans un monde qui ne me désirait pas. Je crois que je me suis accrochée pour naître. Je ne trouve pas d'autre explication pour justifier l'acharnement que je mets à vivre. Car, par ailleurs, je suis une personne paisible, je ne suis pas belliqueuse.

Annie: Non, tu n'es pas constamment belliqueuse, tu n'es pas quelqu'un d'agressif, mais tu es musclée. Tu es musclée comme on est musclé après des années d'exercices.

Marie: Tu sais bien qu'à partir d'un certain moment de sa vie utérine le fœtus réagit à sa manière à des sollicitations extérieures. Un nourrisson sent immédiatement l'atmosphère, l'humeur de sa mère. Moi je crois que j'ai senti qu'on ne voulait pas de moi et j'ai réagi en me battant. Je sais ce que c'est que de se battre mais je ne sais me battre que seule, je ne sais pas me battre en compagnie. D'ailleurs j'aime être seule. C'est pour ça que j'ai aimé faire du cabaret, c'était un combat avec le public, pour qu'il m'aime, pas pour lui faire du mal.

Ecrire, pour moi, c'est encore me battre. J'écris avec mon corps. Je transpire beaucoup quand j'écris.

Annie: En fait, tu te bats par nécessité. Si tu ne t'étais pas battue, même dans le ventre de ta mère, tu n'existerais pas. Quand tu dis que tu n'as été réglée qu'à vingt ans alors qu'à treize ans tu avais déjà l'air d'être une femme, c'est aussi un combat.

Marie: Peut-être que je voulais être encore une enfant pour qu'elle s'occupe de moi. Je ne sais pas... En tout cas c'est quand j'ai cessé de me battre que je suis devenue malade. Il y a eu un moment où j'ai baissé les bras, où j'ai accepté d'être ce que ma mère voulait que je sois et c'est à cette période que la névrose a commencé. Je peux dire que de l'âge de quinze ans à l'âge de trente-six ans j'ai été une personne neutre, je n'existais pas par moi-même. Il a fallu que je retrouve ma violence qui avait été absolument gommée, dont je n'étais même plus consciente.

Annie : En fait, ta maladie c'était le combat complètement intériorisé, retourné contre toi : un processus de mort.

Marie : Absolument.

Annie : L'avortement raté de ta mère. Ta maladie qui se prépare et qui s'installe avec des pertes de sang considérables, est-ce que tout ça n'était pas finalement un abandon à la volonté de ta mère ? Tu réalisais l'avortement de ta mère. C'est comme ça que tu mourais, quoi.

Marie : Bien sûr. J'avortais de moi-même, je ne me voulais plus. J'ai essayé de me tuer. Plusieurs fois.

C'est la psychanalyse qui m'a fait retrouver les chemins de ma personne et mes enfants qui m'ont mise au monde. Ma guérison a coïncidé avec la fin de leurs enfances, le début de leurs adolescences. Je savais trop les ravages que ma mère, sans s'en rendre compte, avait opérés en moi, alors je me suis méfiée de mes paroles, de mes actes, j'ai dit la vérité à mes enfants, quels risques il y avait dans les principes tout faits, les lois toutes faites et aussi quels risques il y avait à vivre sans eux. Nous avons décidé ensemble que la seule chose vraiment nécessaire c'était le respect. Le respect de soi et le respect des autres. C'est de là que nous sommes partis, que nous avons construit notre famille. Sans compter qu'ils m'ont apporté aussi des livres, de la musique, des mots, des formes, des lignes, qui m'ont extraordinairement enrichie.

Mais quel bouleversement. Tout a été remis en cause, tout. Je me demande encore aujourd'hui comment j'ai tenu le coup. C'était épuisant. Petit à petit nous avons appris à nous connaître. Mais quelle lessive ! Ça allait de « pourquoi ne faut-il pas mettre les coudes sur la table » jusqu'à « pourquoi faut-il qu'une mère serve ses enfants » en passant par « pourquoi faut-il faire le ménage le matin », par exemple, ou « qu'est-ce que la liberté quand on vit en commun »... Nous avons pris conscience ensemble que l'ordre, la saleté et la paresse ne venaient que dans des périodes de malaise, nous sommes devenus extrêmement attentifs aux autres et à nous-mêmes. Ça a été compliqué et violent, puis l'équilibre possible entre nous s'est imposé de lui-même et ma vie avec mes enfants est devenue heureuse, très heureuse.

Maintenant ils sont adultes et je ne sais pas ce que sera la vie pour eux mais j'aime les chemins qu'ils ont pris, je les trouve courageux et intéressants. Nous nous voyons tout le temps mais nous avons des rapports d'êtres humains, plus des rapports mère-enfants enfants-mère. Mais le fait que je suis leur mère est pourtant une chose entendue. Ils savent que c'est un rôle que je ne refuserai jamais de jouer s'il est nécessaire pour l'un ou l'autre ou pour tous ensemble que je le joue.

Mais je suis une mère et je me méfie beaucoup de ce personnage.

Tu sais comment j'ai vécu avec mes enfants pendant

des années : la porte ouverte, tout le monde pouvait entrer chez nous, tous leurs amis. J'ai raconté ça dans *La Clé sur la porte*. A cette époque, j'ai vu passer des centaines de jeunes. Ceux qui venaient là et qui y restaient (quelquefois plusieurs mois) c'est qu'ils avaient des problèmes. Eh bien, à chaque fois, leur problème c'était leur mère. Il n'y a pas d'exception.

Quel gâchis d'amour ! Car les mères aiment leurs enfants et les enfants aiment leur mère. Mais ça se fait dans une incompréhension totale, une méconnaissance absolue les uns des autres. Je trouve ça dramatique. Ça me touche, ça me bouleverse.

C'est dur d'être une mère aujourd'hui. Tant de travail, tant de fatigue, tant de silence, tant d'ignorance, tant d'abnégation ! Pourquoi ? Pour trouver la solitude, un mari qui s'est tenu éloigné du « maternage », qui porte la fière livrée du travailleur, du géniteur, qui n'a pas grand-chose à dire à celle qui a passé sa vie, sa jeunesse, dans les lessives, les vaisselles, les budgets insuffisants, les raccommodages, les courses épuisantes qui la font courir, lestée de ses paniers à provisions, du travail à la maison. N'importe quelle mère de famille a transporté des tonnes et des tonnes de marchandises dans sa vie, a soulevé des tonnes et des tonnes de linge mouillé ou de seaux d'eau, a tenu aux bras, par tonnes, les corps de ses bébés, de ses petits.

Les mères ne sont pas aveugles, elles voient les belles femmes sur les affiches des rues, leurs jolis culs, leurs longues jambes, leurs seins pointus. Elles savent qu'elles n'ont ni le temps ni l'argent pour égaler ça, même de loin, car la beauté ça coûte cher à trente ans, à quarante ans, à cinquante ans...

Les mères ne sont pas sourdes. Elles entendent les vieilles au marché du dimanche et dans les boutiques du quartier qui quémandent le talon du jambon chez le charcutier, les fruits abîmés chez le fruitier, les déchets chez le boucher ; les queues des poireaux, les miettes de biscuits... C'est qu'elles n'ont que la moitié de la retraite de leur défunt époux pour vivre !

Qu'est-ce qu'elles ont comme perspective, les mères, quand elles auront fini d'élever leurs enfants ? La ménopause et l'asile.

Elles ne veulent pas ça. Alors elles rentrent chez elles et elles sont dures. Elles s'agrippent à ce qu'elles ont, elles exigent ce qui leur est dû : de la présence, de l'amour, du respect. Elles agissent maladroitement, comme les gens qui ont peur. Elles deviennent possessives, intransigeantes, bornées. Elles s'accrochent aux belles traditions du passé qui faisaient de la mère une reine vénérée. Elles n'aiment pas ce qui est nouveau, parce que dans le futur il n'y a rien pour elles que l'abandon, le désert, la misère.

Elles font de la famille un enfer !

La faute à qui ?

Annie : Je crois que ce qu'il y a d'important c'est que nous ne sommes plus branchés sur les expériences fondamentales de la vie, que nous ne savons pas les lier entre elles dans une forme d'existence cohérente.

Marie : Nous avons perdu le contact avec tout, même

avec les objets. Nous avons perdu le fil de nous-mêmes. Surtout nous les femmes. Nous manipulons de la matière sans arrêt, nous la façonnons. Ce qui sort de nos mains s'appelle ragoût, tricot, ourlet, propreté, ordre, santé, bouquet, blancheur, soupe, sirop... Ces mots sont des coquilles vides, sans valeur. Ce qui faisait leur valeur n'a plus cours. Ils n'ont plus de jus, plus d'épaisseur, leur véritable sens s'est perdu. Dans leur pâte il n'y a plus le pétrissage de l'amour, de la chaleur, de la saveur, des projets, des espoirs. Ils ne contiennent plus le temps, les heures, le soleil, le froid, la peine, la patience. Ils coûtent de l'argent et n'en donnent pas. Ils sont presque honteux. Il y en a plein les super-marchés, plein la publicité.

Nous faisons un énorme barbarisme, avec la matière et les objets, qui fausse le sens de la vie.

Nous ne voyons plus que les autos sont des millions de chevaux dont les hennissements et le crottin envahissent notre espace. Nous ne voyons plus que le téléphone est une formidable cohorte de messagers qui toquent l'urgence à notre porte. Nous ne voyons plus que le ciel est grouillant de ces milliards de pigeons voyageurs que sont les avions. Nous ne voyons plus que nos pièces et nos billets sont des émeraudes, des diamants et des plats d'or ciselé. Nous ne savons plus que ces objets sont la réalisation des projets les plus fous des humains, la concrétisation des plus beaux rêves. Ils ne sont plus de la matière mise en forme par l'esprit. Ils ne sont plus que des produits à vendre et à acheter.

Leurs formes mêmes n'ont plus de sens, la carrosserie véloce des autos nous échappe, le long fil du téléphone et son combiné qui relie la parole à l'ouïe, le loin et le proche, les ailes des avions... Cette vie transcendée nous échappe...

Je me souviens d'avoir découvert, au cours de mon analyse, tout ce qui m'entourait. Une fourchette, un jour. Je la considérais, elle avait quatre dents bien faites pour piquer les aliments fermes et assez gros, quatre dents courbées de telle sorte qu'elles facilitaient l'introduction des aliments dans ma bouche. Et ce manche, dont la spatule terminale était bonne à saisir, pourquoi était-il si long?... Pour que je ne touche pas la matière, pour qu'elle ne me salisse pas. ...Mais cette matière j'allais la mettre dans ma bouche, elle allait glisser à l'intérieur de moi... — On peut donc salir l'intérieur et pas l'extérieur?... — La fourchette parlait avec moi, elle était une présence importante, elle me montrait un des chemins de la pensée des hommes. Elle m'a conduite à un débat essentiel entre moi et moi car je la trouvais commode et hypocrite...

C'est cela que nous avons perdu : l'esprit de la matière. Son habileté, sa méchanceté, sa gentillesse, sa drôlerie, son intelligence, sa sagesse, sa folie.

Les femmes le perçoivent encore, inconsciemment ou consciemment. Mais elles ne savent pas le dire ou elles n'osent pas le dire car les chemins qui vont de la matière aux mots tombent dans les égouts du vocabulaire ou passent par des barrages et des filtres si nombreux, si efficaces qu'il ne reste plus rien de la matière vivante quand ils sortent de notre bouche. Les mots sont de plus en plus des cache-sexe, des cache-corps. Mais l'équilibre entre l'esprit et la matière est parfait, il n'est pas question de le détruire. C'est lui, à la limite, qui peut nous détruire et nous ne sommes pas loin d'apercevoir, en ce moment, comment cette destruction serait possible.

Les mères qui ont, plus que tout autre être humain, gardé le contact avec la matière pourraient éviter cette destruction, si elles pouvaient prendre la vraie parole.

Annie : Il ne faut pas que ce que nous disons serve à ramener les femmes chez elles, à leur tricot, à leur cuisine, à leur ménage. Quand bien même on les paierait pour faire ça. Ce qu'il faut arriver à concevoir c'est une société dans laquelle tout le monde pourrait avoir un rapport aux objets, à la matière...

Marie : ...à la famille.

Annie : Pas à la famille !

Marie : Tu ne peux pas empêcher les femmes de faire des enfants, donc de faire de la famille.

Annie : Oui, mais elles peuvent le faire autrement que dans ce que nous nous vivons comme famille.

Marie : Evidemment. Je veux parler d'une autre famille.

Encore un mot à ouvrir. On en aura sorti quelques-uns ! Révolution, couple, écriture, matière. Et si on prenait politique alors !...

Annie : Et si on rêvait un peu !

Marie : Oui, oui, à quoi tu veux rêver ?

Annie : Ben, je veux rêver aux gens. Comment on voudrait que ça vive, que ça fonctionne, que ça se passe, comment ça serait si c'était bien, quoi !

POSTFACE

par Annie Leclerc

Ainsi, voilà donc nos milliers et milliers de mots, mais surtout ceux de Marie, saisis, attrapés, maintenus, dans la maison, pour nous maintenant familière, du livre. J'allais écrire, dans la *prison* du livre, emportée par cette idée commune qui veut qu'il y ait d'un côté la vraie vie et de l'autre les livres, d'un côté l'épreuve certaine du réel et de l'autre sa transcription désincarnée. Je n'ai jamais pensé que le livre pût être une prison, un enfermement, une mort ; j'en connais trop la chair féconde. Mais de la maison oui, il a la clôture, l'intériorité, et l'inévitable fixité. En lui demeure, et à tout jamais, ce qui a été dit, mais plus gravement encore tout ce qui n'a pas été dit, aurait voulu être dit, et qui en lui ne sera jamais dit.

Or, ce que Marie voulait faire c'était un livre qui ne soit pas de l'écriture, mais de la parole. Elle voulait l'aventure, le vagabondage, l'incontournable de la parole, mais aussi cette puissance propre de la parole qui fait que par elle on en vient toujours à dire ce qu'on n'avait pas prévu de dire, ce que même on n'aurait jamais pensé si on ne l'avait pas dit. Je la comprenais, j'étais d'accord. Seule la parole qui s'exprime de moi, quand s'ouvre l'écoute de l'autre, m'enseigne ce que je voulais savoir et ne savais pas encore.

Nous avons parlé. Marie surtout bien sûr, mais aussi j'ai parlé comme ça me venait au cœur de sa parole ; nous avons parlé, beaucoup, parlé et déparlé. Mais quand le moment fut venu de faire livre, Marie retrouva peu à peu, au fil de la parole qui avait été proférée, l'impérieuse nécessité d'écrire ; non pas d'écrire ce qui avait été parlé, mais d'écrire de ces terres que la parole avait effleurées puis réveillées, lourdes, pressantes, obscures. Dans le même temps je disais à Marie mon désir d'entrer moi aussi en ce livre par quelques pages d'écriture. Ce livre ? C'est aussi parce que ce livre n'en est pas un — mais tout de même si, un peu — que nous sommes si souvent passées, Marie et moi, et pas toujours ensemble, de l'euphorie au malaise, de la grâce à l'anxiété. L'absence de détermination claire de l'entreprise faisait son charme, mais aussi l'inquiétude de son avenir. Très tôt j'ai su qu'il serait injuste, et même faux, d'inciter Marie à se déterminer davantage. La considération vagabonde des choses alentour ou le témoignage ? Le «vague», ce vague qui est son vague à l'âme le plus fort, le plus vaste, immense terrain vague des possibles, des audaces, des commencements, ou le « réglé », ce réglé qu'il faut bien pour mettre un terme une fois, un jour, de temps à autre au tourment de la vastitude ? La parole ou l'écriture ? En Marie, à cause de Marie, l'un et l'autre, l'une et l'autre, devaient être donnés ensemble.

A aucun prix ne défaire ce qui venait de Marie, était comme Marie, Marie elle-même, cette étonnante conjugaison de l'indécis et du décidé, et qui soudain se mettait à me parler au-delà d'elle, de moi, de bien d'autres encore, de tant d'autres, sinon de tous. A travers Marie, je me mettais à penser des choses auxquelles je n'avais jamais pensé.

Ainsi, au début je me disais, c'est drôle tout de même, ce mouvement qui, en la parole engagé, la porte à l'écriture. Ce mouvement était bien le même, à n'en pas douter, que celui qui de l'analyse, parole déployée, abandonnée au tumulte de l'obscurité et de la confusion, l'avait conduite aux *Mots pour le dire,* écriture de l'analyse, inscription d'un tout autre ordre que l'analyse, tracé multiple mais sûr, dense mais clair, large mais bien tenu.

Comme si l'écriture, d'un tout autre ordre cependant que la parole, ne pouvait plus désormais se faire sans elle. Comme si, également, la parole, telle que nous l'entendions, la pratiquions, devait désormais rejoindre l'écrit pour s'accomplir.

Ne m'avait-elle pas dit elle-même qu'il avait fallu que le livre soit, que cela soit écrit, pour que l'analyse fût enfin, ce qu'elle avait été à coup sûr, réussie.

Je me surprenais moi-même soudain au cœur d'une ambiguïté que je n'avais jamais pris soin d'interroger. Pourquoi avais-je intitulé mon dernier livre *Parole de femme,* alors qu'il méritait à l'évidence d'être désigné comme Écrit de femme. Cela avait été écrit, seulement écrit, avec la sueur, les contractions du corps, la folle espérance, ponctuées de désespérances, propres à l'écriture.

Parler. Écrire. Non vraiment ce n'est pas pareil.

Ça veut parler: respirer, s'avancer, bouger, rire, chanter, pleurer, blablater, bavasser ; bruisser partout de la gorge, fleurir de mots, fleurir en mots, advenir...

Il faut écrire: inscrire le savoir envisagé des noires lumières de l'amour, de la jouissance, de la douleur, de ces terres de l'épreuve déchirante du corps au monde élancé, du corps à l'autre de son corps emporté.

Mais encore *parler :* toucher l'autre, le caresser, l'induire, l'enduire, le séduire, faire la ronde avec lui, ou bien là où il opprime, là où il interdit, l'agresser avec les mots de feu, le mordre, l'écarter, le repousser.

Mais encore *écrire :* que cela soit marqué au fer rouge dans la chair du réel. Que cela ne puisse être oublié, effacé. Que l'obscur soit à la lumière tracé. Que cela soit, donné.

Parler, naître. Ecrire, faire naître.

Parce que je ne crois pas que notre désir de naître cesse dès l'instant où nous quittons le corps de notre mère, ni que notre désir de faire naître ne puisse trouver que l'enfant où se réaliser. Et ce n'est pas non plus parce que nous n'avons pas encore assez coupé notre lien à la mère, parce que nous ne sommes pas encore assez nées en quelque sorte, que nous empoigne si vif, si émouvant, ce vouloir de parole. Et ce n'est pas en place de ces enfants que nous ne faisons plus, ou pas, que l'urgence d'écrire nous saisit.

Chaque fois qu'une discussion ou qu'un débat s'engage quelque part sur le thème de la création, ou plus particulièrement de l'écriture, féminine, apparaît toujours à un moment ou à un autre, un esprit subtil qui suggère de considérer la création en général comme un substitut de la procréation. Le fin mot de cette proposition ne tarde jamais alors à se découvrir, ce fin mot qui est comme toujours celui d'une invitation à nous taire : laissez donc à ces pauvres hommes qui ne peuvent enfanter l'orgueil compensateur de la création et faites ce pour quoi vous êtes si admirablement, si justement faites, les enfants. Qu'avez-vous donc besoin d'écrire ?

On écrit parce qu'il faut que ce soit écrit. Non pas seulement pour que le passé, l'enfance, les odeurs, le choc terrible et doux des premiers corps, accomplissent par le texte leur ultime carnation. Non pas seulement pour que les blessures originelles suturent enfin leurs grands pans de stupeur dans la trame des mots inscrits. Mais pour que ce qui n'était pas inscrit le soit. Pour que le réel soit quelque part modifié, dilaté. Pour qu'un petit espace nouveau soit donné où d'autres trouveront à respirer, à grandir. A parler.

A faire ce livre, qui n'en est pas — mais tout de même un peu— Marie, sans le vouloir sans doute, m'a permis d'envisager plus clairement ce que je veux de mes propres livres. Que ce soient des livres transitifs ; faits seulement pour être traversés. Et pour que d'autres voix y trouvent un souffle pour leur propre parole.

Oser dire, se dire tout ce qui ne se dit pas, non plus dans l'oreille du prêtre ou sur le divan de l'analyste, mais à toi, à vous, à tous. Il y a toujours quelque part quelqu'un qui nous empêche de dire, un pouvoir, un dogme, un mépris, une ironie. Marie me dit une fois à la lecture de mon dernier manuscrit : « Parfois, on dirait qu'il y a quelqu'un à l'extérieur de ton texte à qui tu rends des comptes, quelqu'un qui te menace, qui te fait peur quelque part. Il ne faut pas, il ne faut plus. Dis seulement ce que tu as à dire. Parce que c'est seulement ça qui compte, ça qui fait du bien. »

Bien sûr, elle a raison ; absolument raison. Mais il faudra tant que nous parlions encore, tant que nous écrivions, ouvrant des terres nouvelles, impudiques, indécentes, impertinentes, pour que nous puissions parler enfin sans avoir auparavant tourné sept fois nos langues au-dedans. Il faut qu'un jour on y arrive à leur dire ce qu'on a à leur dire à nos mères, à nos amants, à nos pères, à nos princes, mais aussi à nos frères, à nos sœurs, ce qu'on a à leur dire, comme ça, comme ça nous vient. Et c'est si loin encore. La peur en nous, la peur de dire, quand sera-t-elle à jamais arrachée ? Et il faut. Il faut dire. Parce qu'il faut vivre pour de vrai.

De Marie qui est allée au fin fond de la peur et qui en est revenue si forte de joyeuse impudeur j'apprends que de la peur rôde encore en moi, mais il me suffit de l'apprendre pour me sentir soudain allégée de quelque noir et obscur souci, rieuse, fraîche, commençante...

Alors, il faut que je parle de l'épisode du *mur*. Parce que c'est le jour où je me suis mise à aimer Marie. Parce que c'est à partir de ce jour que nous avons commencé à être amies, mais aussi celui où nous avons cessé de parler en vue de ce fameux livre, mais enfin parce que c'est à cause de cette histoire du mur, que j'ai voulu, moi aussi, en ce livre, écrire.

Le mur, bien sûr, fait partie de ces épisodes, toujours les plus intenses, les plus troublants, qui comme par hasard, échappèrent au magnétophone, soit parce que Marie appuyait délibérément sur le bouton qui interrompait l'enregistrement, soit parce qu'elle avait négligé — soi-disant pas fait exprès — d'appuyer sur le bouton d'enregistrement. Ainsi, la découverte terrible et inoubliable pour la petite fille riche, une veille de Noël, de la casbah, où sa mère l'avait conduite pour gratifier les pauvres de quelques sucreries ou vêtements usagés. Ainsi, le désarroi, la détresse, la fade et pesante solitude du jour où elle remit *Les Mots pour le dire* à l'éditeur ; ce jour où tout avait été « réglé » (ce fut son mot) : l'angoisse, l'analyse, la fièvre et la peine profonde des mots, le manuscrit... Ainsi, encore, l'épisode que nous désignions par la suite comme celui des mathématiques, où elle m'avait raconté — et je m'en souviens comme d'une matinée particulièrement rieuse, ensoleillée — combien elle se plaisait aux mathématiques quand elle était lycéenne. Extraordinaire comme j'entendais bien ce qu'elle disait ce matin-là, comme je m'y reconnaissais. En douce, et dans un coin bien à elle, comme d'autres de son âge et de son sexe s'abîmaient dans la lecture de Pearl Buck, de Rosamond Lehmann ou de Colette — elle prenait un livre de mathématiques et s'inventait des équations de plus en plus subtiles. Un espace libre, ouvert aux combinaisons illimitées des possibles. Des règles enfin qui n'étaient plus celles de la bienséance, de la contrainte, de l'enfermement, mais celles d'un jeu souverain et innocent. Plaisir de comprendre, de danser, de s'avancer, de découvrir, de relier, d'ajuster, de construire, d'inventer. Plaisir vraiment touché de grâce, sans péché, sans honte, sans menace. Eh bien non. Là aussi, là encore, là surtout peut-être, on voulut qu'elle ait honte, qu'elle se pense coupable. Elle dit après le baccalauréat : je veux faire des mathématiques. Quoi ? Pas féminin ça, pas convenable. On ne devient pas cossu colon patriarcal et distingué pour faire des filles qui font des mathématiques. L'indécence de Marie ne date pas d'hier. Mais, lui dit-on, la logique par exemple, c'est pas très loin des mathématiques, non ? Tu n'as qu'à faire de la philo. C'est presque pareil ; et plus féminin tout de même. Elle fit donc de la philo pour apprendre à son corps défendant que ça n'avait rien à voir. Fini la liberté, la grâce, les possibles. Avec les mathématiques on n'avait de comptes à rendre à personne. Aux mathématiques seulement. En elles, pas de maître, pas d'autorité incarnée. En elles aucune voix ne parle pour commander.

La philosophie, c'est le règne de la terreur — terreur douce certes, mais ça ne change rien — et de l'ironie — la dure, elle, l'impitoyable. (Mais je vais m'expliquer là-dessus, avec cette histoire de mur que je fais mine d'oublier, mais non.)

Adorables mathématiciens anonymes, fondus, évanouis en leur produit au point que la mathématique m'est offerte comme le ciel bleu, comme la mer, la mer qui est à moi autant qu'aux autres parce qu'elle n'est de personne, à personne. Offerte la mathématique au point que c'est moi qui en fais, même si j'y suis courte et maladroite. Il suffit que je la pratique pour être aussitôt une petite mathématicienne légère, sérieuse et amusée ; j'y suis bien. Nul ne me demande des comptes. Mon professeur de mathématiques ne me fait pas peur, même si je me suis trompée dans mon équation, même s'il m'engueule et me met une mauvaise note. C'est simplement qu'il en sait plus que moi, qu'il a l'habitude. Quand je serai grande... moi aussi, si je veux... ce n'est pas difficile.

Mais mon professeur de philo... Mais les philosophes... Quelle est cette hauteur, cette distance, cette menace ? Jamais je ne suis, ne serai philosophe. J'apprends que je suis non-philosophe sous le regard philosophique.

La vérité mathématique ne se donne jamais ainsi, de l'extérieur, d'en haut, puisqu'elle n'existe qu'autant qu'elle s'invente, ou se découvre de moi. Tant qu'elle n'est pas cette mienne évidence, elle est nulle. Parce que jamais elle ne peut m'imposer, elle ne saurait non plus m'aliéner.

Et elle est d'un autre ordre la vérité qui se marque en toi, du dehors, au fer rouge dans ta chair ; intransgressible loi. Et toi, tu entres dans l'aliénation.

Ainsi, quand sur le tard, Marie me parla de ce mur, je sentis qu'il y avait là quelque chose de terrible, et qui valait pour moi, et que je ne savais pas encore, que je n'avais pas encore voulu savoir.

Un jour donc, pour me dire ce qu'est la folie, l'aliénation (tu emploies ces termes indifféremment), pour me le dire à moi qui en semble toujours si éloignée, tu évoques soudain, et brutalement, comme si c'était le plus dur, le plus impitoyable, ce moment là-bas au cœur de ton temps noir, où, de l'autobus où tu étais, tu vis au-dehors sur un grand mur blanc cette inscription portée, incisive, incisée dans le mur « CECI EST UN MUR BLANC »...

Un instant je vis ton visage nu, absolument nu. En cette nudité soudain je me reconnus. Je n'eus sans doute pour t'accueillir qu'un visage de stupeur où devait se mirer la douleur réveillée du tien. Tu avais ajouté, pauvre, pauvre mur...

Je suis un mur blanc sur lequel est inscrit, ceci est un mur blanc, je ne suis donc pas un mur blanc, mais je ne peux avoir raison de l'inscription — indélébile —, c'est elle qui a raison de moi. Je suis et ne suis pas un mur blanc. Ce que l'atroce inscription me dénie c'est le droit d'exister.

Auprès de cette ironie-là, l'ironie socratique est un jeu, un procédé, une ruse. Mais peut-être était-ce déjà cette ironie-là, et alors ils eurent raison de le tuer...

Je ne parle pas de Marie, sur Marie, je parle de moi, à partir de moi, d'un point obscur que Marie ouvrit en moi lorsqu'elle me parla d'elle. Au-delà, mais je veux dire au fond, des anecdotes, des tracés et des péripéties si distinctes de nos vies, ce qui cherche à se dire le plus impérieusement c'est toi là où tu es moi aussi, moi là où je suis les autres.

Qui n'a pas eu un jour un instant dans la crainte de l'enfance, dans la honte de l'adolescence, ce visage défait, ce regard noyé chaviré de détresse, et qui est celui de Marie quand elle évoque le mur... Tous les jours, dans des milliers et des milliers d'écoles, un maître prend l'enfant en faute et s'avance vers lui et silencieux le fixe, et l'enfant, oh ! mon amour, mon inconsolable amour, lève sur lui ce visage égaré de panique ; insondable panique où tout mon être se trouve pétrifié. Tous les jours à la station Montparnasse des policiers interpellent un Nord-Africain, l'entourent calmement, lui demandent ses papiers, et lui qui n'a commis d'autre faute que celle d'être misérable, mais elle est inexpiable, lève, mais c'est plutôt recule, ce visage, ce même visage, exactement, et tous les jours encore un accusé devant ses juges, une jeune fille devant un homme, un malade devant son médecin, un étudiant devant son examinateur, un homme que l'on va tuer... Parce que Marie n'a pas oublié, ne veut pas oublier, je me souviens. Infini tremblement et pourtant immobile, pétrifié de l'oiseau que la main a osé saisir.

Enfant que la mère déserte. Enfant que le père raille, que les plus grands, les plus audacieux raillent...

Cet enfant est au fond de moi, au fond de toi, au fond de tous ; je l'ai consolé, baratiné, flatté, aguerri tant que j'ai pu. Mais je sens bien que sa peur, son intime peur du maître qui sait, du maître qui juge, ne cessera jamais tout à fait de battre de l'aile.

A cette peur celui qui sait — celui qui fait mine de savoir pour que je croie qu'il sait — s'est adressé. Quand la vérité vient d'ailleurs, d'en haut, pour s'inscrire impérieusement en moi, j'en suis toute paralysée, séduite tout entière, ALIÉNÉE... Le regard philosophique ne veut plus voir la crainte et le tremblement de l'enfant, mais c'est à lui seul cependant qu'il s'adresse, sur lui qu'il constitue son pouvoir.

Au cours de l'analyse, l'analyste, n'est-ce pas, se trouve derrière le patient, l'analysant, comme vous voulez (moi, ça ne me gênerait pas de dire l'aliéné, vu que nous le sommes tous bien sûr au fin fond de nos épreuves d'enfant en nous demeurées) ; pourquoi, derrière ? Quel est celui qui ne doit pas, qui ne saurait voir l'autre ? L'analyste entendra jusqu'au bout de ce qui peut être parlé, mais ce visage-là, ce regard-là, quand dans la nudité absolue du cauchemar la voix est muette, le son coupé, le corps brisé, rompu, écrasé, ce regard, ce seul regard, il ne le voit jamais. Parce que ça, qui est la seule chose qui mériterait d'être vue, il ne peut pas le voir, sans ouvrir les bras, sans se mettre à sangloter, sans appeler maman, sans se souvenir de cette panique au fond de lui et qui jamais peut-être n'a cessé de demander grâce.

Ton visage, ton regard, tu me les livras de face, mais déjà ce n'était plus les tiens ; c'était nous, là où nous avons été ensemble, là où nous sommes ensemble, tous, plus ou moins, et nous petites filles, adolescentes, femmes, plus que les autres, là où c'est enfant en nous, si frêle encore, si fragile, et peut-être à jamais inconsolable. Et puis comment dis-moi se consolerait-on quand tous les jours dans des milliers d'écoles, dans des milliers de maisons...

Quand s'arrêtera-t-on de faire ce mal, dont il faut parfois mourir ?

Mais nous ne sommes pas mortes. Sous l'inscription qui le dénie, j'entends, tu entends la plainte douce, insinuante, du mur qui vit, et qui veut, qui demande à voix basse l'espace ouvert, la place de vivre.

Parler. Il faut parler. Fort, vite, n'importe comment. Il faut vaguer, oser le vague, respirer à la limite de nos poumons, germer multiples, indéfinies, flotter, errer, indéfinir nos vastes corps, permettre leur générosité.

Nous voguons, nous volons... VOLEUSES ! La voix qui vient d'ailleurs, d'en haut, qui nous juge et nous méjuge, soudain nous saisit, nous gèle, nous arrache la gorge et pétrifie nos membres.

Alors il faut. Il faut écrire. Tracer jour après jour notre propre texte en lettres de sang, de lumière, d'amour. Subvertir jour après jour l'autre texte qui nous empêche. Que jour après jour nous le minions, nous le sapions, nous le forcions peu à peu à défaillir.

Un jour, je te le promets, nous serons vagues. Un jour peut-être, plus personne jamais, ni aucun enfant, n'aura ce visage, ce regard-là...

ŒUVRES DE MARIE CARDINAL

La Clé sur la porte, Grasset, 1972.
Les Mots pour le dire, *roman*, Grasset, 1975.

Composition réalisée par l'UNION PARISIENNE D'IMPRIMERIES

IMPRIMÉ EN FRANCE PAR BRODARD ET TAUPIN
Usine de La Flèche (Sarthe).
LIBRAIRIE GÉNÉRALE FRANÇAISE - 6, rue Pierre-Sarrazin - 75006 Paris.

ISBN : 2 - 253 - 01872 - 4 ◈ 30/5072/1